Die Quellen und Studien zur Geschichte und Dogmatik des Seekriegsrechts sollen in zwangloser Folge in einzelnen Heften erscheinen. Jedes Heft bildet ein selbständiges Ganzes, erscheint unter besonderem Titel und mit besonderer Seitenzählung und ist einzeln käuflich. Jedoch werden eine Anzahl Hefte im Gesamtumfange von etwa 40 Bogen zu einem Bande zusammengefaßt; dem letzten Hefte werden Bandtitel und Inhaltsverzeichnis beigefügt.

# QUELLEN UND STUDIEN ZUR GESCHICHTE UND DOGMATIK DES SEEKRIEGSRECHTS

HERAUSGEGEBEN

VON

Dr. **HEINRICH TRIEPEL**
PROF. DER RECHTE IN BERLIN

UND

Dr. **HEINRICH POHL**
PROF. DER RECHTE IN GREIFSWALD

BAND I, HEFT 3

Dr. **ADOLF SCHEURER**

## SEEKRIEGSRECHT UND SEEKRIEGFÜHRUNG IM WELTKRIEGE

**BERLIN**
VERLAG VON JULIUS SPRINGER
1919

**QUELLEN UND STUDIEN ZUR GESCHICHTE
UND DOGMATIK DES SEEKRIEGSRECHTS**
HERAUSGEGEBEN VON **HEINRICH TRIEPEL** UND **HEINRICH POHL**
BAND I. HEFT 3

# SEEKRIEGSRECHT UND SEEKRIEGFÜHRUNG IM WELTKRIEGE

EINE DENKSCHRIFT
UNTER BENUTZUNG AMTLICHEN MATERIALS

VERFASST VON

Dr. **ADOLF SCHEURER**
RECHTSANWALT IN BREMEN

**BERLIN**
VERLAG VON JULIUS SPRINGER
1919

ISBN 978-3-642-98265-1 ISBN 978-3-642-99076-2 (eBook)
DOI 10.1007/978-3-642-99076-2

# Inhaltsverzeichnis.

## I. Zeitabschnitt bis zum 4. Februar 1915.



## II. Zeitabschnitt vom 4. Februar 1915 bis Ende April 1916.

## III. Zeitabschnitt von Ende April 1916 bis 1. Februar 1917.

# I.

# Zeitabschnitt bis zum 4. Februar 1915.

## 1.

## Die kriegführenden Mächte und die Londoner Erklärung.

Bei Ausbruch des Krieges war die Londoner Erklärung zwar gezeichnet, nicht aber ratifiziert. In ihrer einleitenden Bestimmung war aber ausgesprochen, daß die Signatarmächte einig seien in der Feststellung, daß die in der Erklärung enthaltenen Regeln im wesentlichen den allgemein anerkannten Grundsätzen des internationalen Rechtes entsprechen.

Deutschland veröffentlichte im Einklang mit dieser Feststellung in dem am 3. August 1914 ausgegebenen Reichs-Gesetzblatt die deutsche Prisenordnung, die sämtliche Regeln der Londoner Erklärung ohne Einschränkung und teilweise sogar im Wortlaut enthielt. Österreich-Ungarn hatte die Londoner Erklärung ohne jede Änderung bereits im Mai 1913 als Anhang zum Dienstreglement für die K. und K. Kriegsmarine für den Fall eines Krieges übernommen.

Am 5. August 1914 machte die englische Regierung durch eine Order in Council eine Konterbandeliste bekannt, die bereits in einigen Punkten von der Liste der Londoner Deklaration abwich.

Eine Mitteilung darüber, ob im übrigen die englischen Seestreitkräfte die Anweisung erhalten würden, die Grundsätze der Londoner Erklärung zu beachten, erfolgte nicht.

Am 6. August regte darauf die Regierung der Vereinigten Staaten bei den sämtlichen kriegführenden Regierungen telegraphisch an, die Bestimmungen der Londoner Erklärung während des Krieges als bindend zu achten.

Österreich-Ungarn antwortete am 13. August, Deutschland am 19. August, daß dem Vorschlage zugestimmt würde.

## 2.
## Order in Council vom 20. August 1914.

Von den feindlichen Regierungen ließ zuerst die russische Regierung am 20. August telegraphisch in Washington mitteilen, sie müsse zwar noch die Entscheidung der englischen Regierung abwarten, sie erwarte aber nicht, daß diese sich dahin entscheiden werde, die Regeln der Londoner Erklärung zu beachten. Am 22. August übergab dann die englische Regierung dem amerikanischen Botschafter eine Note, in der, unter Beifügung eines Abdruckes der am 20. August 1914 erlassenen Order in Council und eines diese Order begleitenden Memorandums, erklärt wurde:

**„Die Regierung habe entschieden, die Londoner Erklärung im allgemeinen annehmen zu wollen, jedoch mit gewissen Abänderungen und Zusätzen, die sie unbedingt für notwendig erachte, um die Operationen zur See wirksam durchzuführen."**

Diese Abänderungen und Zusätze betrafen in der Hauptsache folgendes:

1. Der Grundsatz der fortgesetzten Reise wird auch für relative Konterbande eingeführt.
2. Feindliche Bestimmung kann aus irgendwelchen als genügend angesehenen Beweismitteln gefolgert werden.
3. Die Vermutung feindlicher Bestimmung wird über die Bestimmung der Londoner Erklärung hinaus auch dann angenommen, wenn die Güter bestimmt sind für oder zu Gunsten eines Agenten des feindlichen Staates, oder irgendeiner Person, die unter der Kontrolle von Behörden des feindlichen Staates steht.
4. Der Generalbericht der Londoner Erklärung wird als rechtsverbindlich anerkannt.

Die Londoner Erklärung hatte für die beiden hauptsächlichsten Gebiete des internationalen Seekriegsrechts, das Recht der Konterbande und das Recht der Blockade, diejenigen Grundsätze festgelegt, die nach der Überzeugung der auf der Konferenz vertretenen Staaten dem allgemeinen Rechtsempfinden und dem allgemein anerkannten Völkerrecht entsprachen. Hiernach war festgestellt, daß für Gegenstände absoluter Konterbande der Grundsatz der fortgesetzten Reise gilt, daß sie also beschlagnahmt werden dürfen, wenn bewiesen wird, daß sie auf dem Wege nach feindlichem Land sind und zwar auch dann, wenn sie auf dem Wege dorthin neutrales Land berühren. Für Gegenstände der relativen Konterbande kommt dagegen dieser Grundsatz nicht zur Anwendung, so daß also relative Konterbande, die nach neutralem Land unterwegs ist, nicht beschlagnahmt werden kann.

Das in der Londoner Erklärung kodifizierte Recht der Blockade legt die Grundsätze der Pariser Deklaration zu Grunde. Hiernach muß eine Blockade effektiv sein, um rechtswirksam zu werden, und sie darf niemals den Zugang zu neutralen Häfen versperren. Ein Blockadebruch liegt dann nicht vor, wenn sich ein Schiff auf der Fahrt nach einem nicht blockierten Hafen befindet, wie auch immer die spätere Bestimmung von Schiff oder Ladung sein mag. Der Grundsatz der fortgesetzten Reise findet mithin auf die Blockade keine Anwendung. Diese letztere Bestimmung war insbesondere von der englischen Regierung als Ausdruck des allgemeinen Völkerrechts bezeichnet und verfochten worden.

Die in der Order in Council verkündigten Abänderungen und Zusätze berührten die Hauptgrundsätze des Blockaderechts nicht. Blieb insoweit also das Recht der Londoner Erklärung bestehen, so hatte dies doch deswegen keine praktische Bedeutung, weil eine Blockade nie erklärt worden ist. Dagegen wurde aber das Konterbanderecht, auf das es allein bei dem derzeitigen Stande der Seekriegführung ankam, so sehr verändert, daß es mit dem Recht der Londoner Erklärung nichts mehr gemein hatte. Hierher gehört vor allen Dingen die Bestimmung, daß der Grundsatz der fortgesetzten Reise auf relative Konterbande zur Anwendung kommen soll.

Dies war aber auch eine Bestimmung, die durch eine Order in Council mit rechtsverbindlicher Kraft gar nicht getroffen werden konnte. Nach englischer Rechtsauffassung können durch eine Order in Council nur solche Rechtssätze als für englische Prisengerichte rechtsverbindlich verkündet werden, die dem allgemeinen Völkerrecht entsprechen oder die dieses abmildern. (Vergl. die Urteile des Privy Council „Zamora" und „Hakan"; Trehern-Grant, Prize Cases, Bd. 2, S. 1 und 479 sowie „Proton" vom 15. März 1918.) Das geschah hier nicht, denn die Anwendung des Grundsatzes fortgesetzter Reise auf relative Konterbande milderte nicht, sondern war eine Verschärfung des allgemeinen Völkerrechts. Letzteres kannte ihn überhaupt nicht als allgemein anerkannten Grundsatz[1]). Die Anwendung des Grundsatzes der fortgesetzten Reise ist in dieser Ausdehnung nur in Prisengerichten der Vereinigten Staaten von Amerika zur Anwendung gekommen, nicht in England, wie die englische Denkschrift zur Londoner Konferenz ausdrücklich hervorgehoben hat, ganz abgesehen davon, daß dieser Grundsatz von den Schriftstellern des europäischen Kontinents fast einmütig abgelehnt worden ist. Völkerrechtssätze entstehen aber nur durch allgemeine Anerkennung und nicht dadurch, daß ein einzelner Kriegführender irgendwelche Grundsätze, die

[1]) Das gilt insbesondere für die englische Rechtsanschauung. So enthält das im Auftrage der Lords Commissioners of the English Admiralty im Jahre 1866 von Lushington herausgegebene The Manual of Naval Prize Law, und ebenso die von Holland bearbeitete Neuausgabe von 1888, folgende Stelle: „The destination of the vessel is conclusive as to the destination of the goods on board . . . . if the destination of the vessel be neutral, then the destination of the goods on board should be considered neutral, notwithstanding it may appear from the papers or otherwise that the goods themselves have an ulterior hostile destination, to be attained by transhipment, overland conveyance, or otherwise." Holland bemerkt hierzu in einer Fußnote, daß amerikanische Prisengerichte einen anderen Standpunkt während des Bürgerkrieges eingenommen hätten.

gerade den Interessen seiner Kriegführung entsprechen, zur Durchführung bringt[1]).

Ebenso wenig entsprach die zweite Hauptbestimmung der Order in Council dem allgemeinen Völkerrecht. Nach letzterem dürfen zur Begründung der Vermutung feindlicher Bestimmung, die zur Beschlagnahme von Konterbande führt, nur Beweismittel benutzt werden, die auf dem angehaltenen Schiff selbst vorgefunden werden, nicht aber solche, die aus anderen Quellen stammen[2]).

Eine Bestimmung der Art, wie sie die Order in Council vornimmt, öffnet der Willkür Tor und Tür, da die Quellen, aus denen die Beweismittel stammen, niemals kontrolliert werden können.

Endlich wird durch die an dritter Stelle getroffene Bestimmung der Unterschied zwischen absoluter und relativer Konterbande völlig beseitigt[3]). Im Sinne dieser Bestimmung war jede in Deutschland wohnende Person als unter der Kontrolle einer feindlichen Behörde anzusehen. Mithin bestand gegen jede Sendung, die auf direktem Wege nach Deutschland war, die Vermutung feindlicher Bestimmung, sie unterlag also der Beschlagnahme. Da weiter aber auch feindliche Personen vor englischen Prisengerichten ihre Rechte, sofern sie sich nicht auf eines der Haager Abkommen stützen, nicht geltend machen können, war nicht nur jede solche Sendung der sicheren Kondemnierung verfallen, die Folge war selbstverständlich auch die, daß relative Konterbande selbst an die private Bevölkerung Deutschlands nicht mehr versandt werden konnte. Ebenso war aber auch die Versendung relativer Konterbande nach Deutschland über neutrales Land unterbunden, weil der Grundsatz der fortgesetzten Reise galt. So war also jede Einfuhr relativer Konterbande nach Deutschland in gleicher Weise unmöglich gemacht, wie diejenige absoluter Konterbande. Daß dies im Widerspruch zu den allgemein anerkannten Grundsätzen des Völkerrechts steht, bedarf kaum der Erwähnung.

Ähnliches galt auch für die Einfuhr von Konterbandegegenständen nach neutralem Land, die für den neutralen Verbrauch bestimmt war. Da die Beweismittel für die Vermutung feindlicher Bestimmung aus irgendwelchen Quellen hergenommen werden konnten, konnte kein Kaufmann wissen, wen die feindliche Regierung als Agenten ansah.

---

[1]) Vgl. Oppenheim, International law, Band I, Seite 24. Urteile von Prisen-und weiteren Landesgerichten können ebenso, wie die Meinungen berühmter Rechtslehrer und wie die Gesetze einzelner Staaten „Faktoren“ sein, die einen Einfluß auf die allmähliche Entstehung neuer Völkerrechtssätze ausüben; sie sind aber nicht die geschichtlichen Tatsachen, aus denen solche Sätze ihre rechtliche Kraft empfangen.

[2]) Vgl. Note der Vereinigten Staaten an die englische Regierung vom 5. November 1915, sowie „Memorial on Prize Procedure of Lee, Paul, Ryder and Murray“: „By the maritime law of nations universally and immemorially received, there is an established method of determination whether the capture be, or be not, lawful price ... The evidence to acquit or condemn, with or without costs and damages, must, in the first instance, come merely from the ship taken.“

[3]) Vgl. hierzu „The Times History of the war“, Band 7, Seite 402: „The first thing to do was, therefore, to make conditional contraband capturable on a basis analogous to the principles governing the capture of absolute contraband. This was done by Order in Council of August 20, which provided that.“ usw.

Diese Bestimmung mußte also zu einer Unsicherheit und Ungewißheit führen, die nur die Folge haben konnte, daß sich allmählich der gesamte Export- und Importhandel der Kontrolle und damit den Bedingungen der englischen Regierung unterstellte, um vor Eingriffen sicher zu sein.

So zeigt sich also, daß durch diese Abänderungen und Zusätze der Order in Council alles das aus dem Recht der Londoner Erklärung beseitigt worden war, was den derzeitigen Interessen der englischen Seekriegführung nicht entsprach.

Unter diesen Umständen ist es verständlich, wenn die russische Regierung in ihrem oben erwähnten Telegramm der Meinung Ausdruck gab, England werde sich nicht an die Grundsätze der Londoner Erklärung halten. Die englische Regierung fand aber auch bei den neutralen Regierungen mit ihrer Ankündigung, die Londoner Erklärung annehmen zu wollen, keinen Glauben. Zum Beweise hierfür diene die amtliche Veröffentlichung der niederländischen Regierung, die in ihrem „Recueil de diverses Communications du Ministre des Affaires Etrangères aux Etats-Généraux par rapport à la neutralité des Pays-Bas et au respect du droit des gens", La Haye, Septembre 1916, wie folgt schreibt:

> **„Diese Abänderungen und Zusätze machten mit annähernder Vollständigkeit alle Garantien illusorisch, welche die Londoner Erklärung dem Handel und der neutralen Schiffahrt gegen die mögliche Willkür der Kriegführenden auf dem Gebiete des Transportes von relativer Konterbande gegeben hatte. Darüber hinaus beseitigten sie jeden Unterschied in der Behandlung von absoluter und relativer Konterbande."**

Diese Feststellungen treffen nicht nur den Sinn der Bestimmungen der Order in Council, sie bezeichnen zugleich auch den Zweck derselben. Diesen hat die britische Regierung bereits am 22. August in dem eingangs erwähnten Memorandum, wie folgt, offen ausgesprochen:

> „Die besonderen Bedingungen des Krieges, hervorgerufen durch den Umstand, daß neutrale Häfen Hauptzugangswege für einen großen Teil Deutschlands sind und **daß außergewöhnliche Maßnahmen im feindlichen Lande zur staatlichen Kontrolle der gesamten Lebensmittelversorgung ergriffen worden sind,** haben die Regierung Seiner Majestät davon überzeugt, daß Änderungen in der Anwendung der Artikel 34 und 35 der Londoner Erklärung erforderlich geworden sind."

Der Zweck war also ganz unverhüllt der, die Zufuhren nach Deutschland über neutrale Häfen und insbesondere die **gesamte,** also nicht nur die für die Streitmacht bestimmte Lebensmittelzufuhr von Übersee nach Deutschland zu unterbinden. Dieser Zweck tritt erst recht deutlich in die Erscheinung, wenn man die englischerseits gegebene Begründung prüft. Hierbei stellt sich nämlich heraus, daß sie im Widerspruch mit den Tatsachen steht. **Die Lebensmittelversorgung Deutschlands ist erst im Januar 1915 staatlich geregelt worden.** Frühere Eingriffe haben nicht stattgefunden.

Wenn trotzdem eine solche Begründung aufgestellt und aufrecht erhalten wurde, so läßt dies nur den Schluß zu, daß es von Anfang an der feste Wille der englischen Regierung war, die Lebensmittelzufuhr Deutschlands unter allen Umständen zu unterbinden. Hinzu kommt folgendes: Die englische Regierung hatte nur die Behauptung aufgestellt, daß die Lebensmittelversorgung Deutschlands unter staatliche Kontrolle gestellt worden sei. Wäre dies tatsächlich der Fall gewesen, so wäre die Aufstellung einer allgemeinen Vermutung feindlicher Bestimmung für **Lebensmittelsendungen** nach Deutschland nicht ganz unverständlich gewesen. Nun ging aber die englische Regierung viel weiter, indem sie die Vermutung auf **alle** Gegenstände relativer Konterbande erstreckte.

Mit welchem Rechte verfuhr sie so, wenn nicht einmal die Behauptung staatlicher Kontrolle auch dieser Gegenstände aufgestellt werden konnte?

Es hätte also in vollem Umfang bei der nach allgemein anerkanntem Völkerrecht dem Kaptor obliegenden Beweispflicht jeder einzelnen Sendung gegenüber verbleiben müssen. Dieser Beweispflicht kann sich der Kaptor aber nicht dadurch entziehen, daß er auf der einen Seite eine für ihn sprechende allgemeine Vermutung aufstellt, und daß er auf der andern Seite dem Eigentümer der Sendung den Gegenbeweis dadurch abschneidet, daß er ihn vor seinen Prisengerichten nicht zuläßt. Ein solches Verfahren wäre Willkür! Trotzdem hat die englische Regierung ein solches Verfahren angewendet, und sie hat dadurch deutlich gezeigt, daß es ihr festes Ziel war, ohne Rücksicht auf bestehendes Völkerrecht jegliche Einfuhr zum Feinde, und zwar ohne Unterschied sowohl die für die feindliche Streitmacht als auch die für die Zivilbevölkerung bestimmte, zu unterbinden. Das geht im übrigen auch schon daraus hervor, daß die englische Regierung in der Note, mit der sie der Regierung der Vereinigten Staaten die Order in Council übersandte, die an dem Artikel 34 und 35 der Londoner Erklärung getroffenen Abänderungen ausdrücklich deswegen als notwendig bezeichnet, damit die Operationen zur See wirksam durchgeführt werden könnten.

Es ist also festzustellen, daß es der klar zutage liegende Zweck der Bestimmungen der Order in Council war, jegliche Einfuhr nach Deutschland und besonders aber jegliche Lebensmitteleinfuhr zu unterbinden. Ziel der englischen Regierung war mithin die Aushungerung Deutschlands.

## 3.

## Praxis der englischen Seekriegführung bis zum 29. Oktober 1914.

Diesem Ziele dienten die Maßnahmen der englischen Seekriegführung vom ersten Tage des Krieges an. Auch dies ist nicht eine Behauptung, die sich nur auf die vielen Proteste in der neutralen Presse jener Tage gründet, sie gründet sich vielmehr an erster Stelle auf folgende Ausführungen des bereits erwähnten amtlichen Berichts der niederländischen Regierung:

„Vom Beginn des Krieges an wurden mehrere holländische Schiffe wegen Lebensmitteltransports durch britische Zerstörer nach englischen Häfen aufgebracht. Für die Freilassung der nach Rotterdam bestimmten Ladung forderte die britische Regierung für den Fall, daß die unschuldige Bestimmung derselben nicht klar nachgewiesen werden könnte, die ausdrückliche Garantie der niederländischen Regierung, daß die Lebensmittel ausschließlich für den Gebrauch in den Niederlanden bestimmt seien und **daß sie auch nicht dazu dienten, eine gleiche Menge Lebensmittel für den Transport nach Deutschland freizumachen.**“

Der Recueil schließt seinen Bericht über die Periode bis zum 22. August mit den Worten:

„Die britische Regierung hielt sich für berechtigt, **alle** nach Rotterdam bestimmten Lebensmittel als verdächtig anzusehen und zu beschlagnahmen, sofern nicht die niederländische Regierung die erwähnte Garantie abgäbe.“

Aus diesen Mitteilungen der niederländischen Regierung ergibt sich, daß die englische Regierung vom ersten Tage des Krieges an Lebensmitteltransporte, die nach Holland bestimmt waren, festhielt, ohne einen Beweis ihrer feindlichen Bestimmung in Händen zu haben, daß statt dessen die Beweislast für die unschuldige Bestimmung den Importeuren auferlegt wurde, und daß auch bei Nachweis der unschuldigen Bestimmung die für Rotterdam bestimmten Lebensmittel nicht freigegeben wurden, sofern nicht die niederländische Regierung die Garantie gegeben hatte, daß die Lebensmittel nicht dazu dienten, eine gleiche Menge Lebensmittel freizumachen.

Deutlich zeichnet sich also vom ersten Tage die Bestrebung ab, die neutralen Regierungen durch Vorenthaltung der wichtigsten für ihre Länder bestimmten Einfuhren zu zwingen, ihre Ausfuhrpolitik englischen Interessen anzupassen.

Nach dem Erlaß der Order in Council vom 20. August 1914 blieb es bei derselben Praxis. Über sie gibt der Recueil der niederländischen Regierung folgenden Aufschluß:

„Die Folge war, daß **alle** Schiffe, die mit relativer Konterbande nach Holland unterwegs waren, nach einem englischen Hafen eingeschleppt und dort für unbestimmte Zeit festgehalten wurden, und zwar nicht nur etwa solange, **bis die britische Regierung bewiesen hatte,** daß die Ladung der Beschlagnahme unterlag, **sondern bis der Beweis des Gegenteils von den Interessenten und zwar zur Zufriedenheit der britischen Regierung erbracht wurde.“**

Der Recueil berichtet weiter:

„Es sei fast unmöglich gewesen, den geforderten Beweis zu erbringen, einmal deswegen, weil die britische Regierung die holländischen Häfen und besonders Rotterdam als Einfuhrhäfen für Deutschland angesehen, zum anderen, weil sie von den Empfängern den Nachweis verlangt habe, daß sie unter keinen Umständen Zwischenpersonen für die Weiterlieferung nach Deutschland seien.“

Ferner berichtet der Recueil:

„Die niederländische Regierung habe bei jeder Festhaltung Protest eingelegt. **Als schließlich gewisse Gegenstände relativer Konterbande, insbesondere Lebensmittel, zu mangeln begonnen hätten,** habe sie diese Gegenstände für **eigene** Rechnung und an die **eigene** Adresse verschiffen lassen, um den Bestimmungen der Order in Council Genüge zu tun und um so die Anwendung der in der Order in Council aufgestellten Vermutung feindlicher Bestimmung unmöglich zu machen. Sie habe aber die von der englischen Regierung geforderten besonderen Garantien verweigert, weil sie sonst gegen ihre Neutralitätspflichten verstoßen haben würde.“

Über die Konsequenzen dieser Weigerung äußert sich dann der Recueil, wie folgt:

**„Infolge dieser Weigerung wurde nun Schiff für Schiff nach englischen Häfen geschleppt, von wo sie die Reise erst nach mehr oder minder langer Zeit fortsetzen konnten, und allermeist nicht, bevor sie nicht einen Teil der Ladung hatten löschen müssen.“**

Erst am 5. Oktober 1914 hatten die fortgesetzten Anstrengungen der niederländischen Regierung einen kleinen Erfolg zu verzeichnen. An diesem Tage wurde, wie der Recueil berichtet, der niederländischen Regierung mitgeteilt, daß die britische Regierung nunmehr beschlossen habe, **bis zum Erlaß neuer, endgültiger Bestimmungen** den Transport von Lebensmitteln, die an die Adresse einer **bestimmten** Person in den Niederlanden gerichtet waren, nicht mehr zu behindern. Die geringfügige Erleichterung, die somit einem kleinen Teil des legitimen neutralen Handels nach Holland wieder erkämpft war, hielt aber nicht lange an, denn die angekündigte Neuregelung erfolgte bereits am 29. Oktober 1914.

Diese Mitteilungen der Niederländischen Regierung zeigen, daß die Maßnahmen der englischen Seekriegführung nicht einmal in Übereinstimmung mit den in der Order in Council vom 20. August 1914 niedergelegten Regeln waren, obgleich diese Regeln der Kriegführung Rechte gaben, wie sie in ähnlichem Maße früher niemals bestanden hatten. Die englische Seekriegführung war nur von einem Ziele geleitet, dem nämlich, **alle** Zufuhren nach Deutschland restlos abzuschneiden. Ausgehend von diesem Ziele hielt sie sich für befugt, selbst den neutralen Lebensmittelverkehr solange zu unterbinden, bis der neutrale Handel sich den von der englischen Regierung gestellten Bedingungen unterwarf.

Die vorangehende Schilderung der Praxis der englischen Seekriegführung beruht, wie nochmals hervorgehoben sei, auf amtlichen Mitteilungen der holländischen Regierung. Wenngleich die sonstigen damals neutralen Staaten Europas ihre amtliche Korrespondenz noch nicht veröffentlicht haben, so hallte damals doch die Presse aller dieser Länder von Protesten gegen die Willkür Englands und Frankreichs wider und war doch aller Welt bekannt, daß die Flotten dieser beiden Länder gegen italienische, norwegische, schwedische und dänische Einfuhr genau so verfuhren, wie gegen holländische Einfuhr; und schon hier muß darauf hingewiesen werden, daß spätere Noten der Vereinigten Staaten von Amerika die Richtigkeit dieser Pressemeldungen bestätigten.

## 4.

## Eingriffe in den Personenverkehr neutraler Schiffe.

Wie auf dem Gebiete des Handelsverkehrs, so war auch auf anderen Gebieten das Verhalten der englischen Regierung und ihrer Seestreitkräfte nicht von Grundsätzen des Völkerrechts oder den Bestimmungen der erlassenen Order in Council geleitet, sondern von den Interessen der eigenen Kriegführung.

Nach dem Recht der Londoner Erklärung, Art. 45 und 47, dürfen an Bord eines neutralen Handelsschiffes nur solche Personen feindlicher Staatsangehörigkeit zu Kriegsgefangenen gemacht werden, die **bereits in die feindliche Streitmacht eingereiht sind.** Der Generalbericht zur Londoner Erklärung bemerkt hierzu in seinen Bemerkungen zum Artikel 45 ausdrücklich, daß sowohl aus juristischen wie aus praktischen Gründen die ganze Konferenz darin einig gewesen sei, daß **nur aktive Militärpersonen** der Gefangennahme unterliegen, nicht aber solche Personen, die sich, wie z. B. Reservisten, zur Erfüllung ihrer Dienstpflicht auf einem neutralen Schiff in die Heimat begeben wollen. **In der Order in Council vom 20. August 1914 war dieser Generalbericht ausdrücklich als rechtsverbindlich bezeichnet worden, mithin galten also für englische Seestreitkräfte auch die eben erwähnten Sätze des Generalberichtes.** Im übrigen entsprach dies auch dem, was die englische Regierung stets als Völkerrecht angesehen hatte. So war noch auf der Londoner Konferenz in der Sitzung vom 11. Dezember 1908 erklärt worden, daß England niemals den Grundsatz habe anerkennen wollen, daß eine unter dem Schutz einer neutralen Flagge stehende Person dem Captor ausgeliefert werde. Im Jahre 1861 hatte die englische Regierung sogar unter Kriegsandrohung die Freilassung von zwei Staatsangehörigen der amerikanischen Südstaaten, die durch ein Kriegsschiff der Nordstaaten von dem englischen Handelsschiff „Trent" heruntergenommen waren, verlangt und durchgesetzt, während noch früher Lord Stowell im Falle „Friendship" ausgesprochen hatte:

„It is asked, will you lay down a principle, that may be carried to the length of preventing a military officer to the service of the enemy from finding his way home in a neutral vessel from America to Europe? If he was going merely as an ordinary passenger and at his own expense, the question would present itself in a very different form. No British tribunal has ever laid down the principle to that extent."

Trotz dieser unzweifelhaften Rechtslage wurden vom ersten Tage des Krieges an deutsche Staatsangehörige vom 15. bis zum 55. Lebensjahre und ohne Unterschied, ob sie in die Streitmacht eingereiht waren oder nicht, von den Kauffahrteischiffen der neutralen Länder weggenommen und gefangen gemacht. England hat sich damit sowohl über unbestreitbares Völkerrecht, als auch über eigene staatsrechtliche Normen hinweggesetzt.

## 5.

## Deutsche Denkschrift vom 10. Oktober 1914.

So war ein Zustand der Rechtlosigkeit auf See geschaffen, der die deutsche Regierung zu der folgenden Denkschrift vom 10. Oktober 1914 zwang:

„Nach einer Order in Council vom 20. August 1914 will die Britische Regierung während des gegenwärtigen Krieges die Londoner Seekriegsrechtserklärung vom 26. Februar 1909 mit einigen Zusätzen und Abänderungen beobachten. Diese Zusätze und Abänderungen sind aber derart, daß sie die Londoner Erklärung in wesentlichen Punkten aufheben und dadurch gleichzeitig in das geltende Völkerrecht eingreifen. Weitere sehr erhebliche Abweichungen von der Londoner Erklärung sind in einer britischen Proklamation vom 21. September 1914 enthalten.

### I.

Die einschneidendste Abänderung der Londoner Erklärung findet sich in den Bestimmungen über die relative Konterbande unter Nr. 3 und 5 der Order in Council.

Die Londoner Erklärung bestimmt im Artikel 33, daß der Begriff der relativen Konterbande nur dann Anwendung findet, wenn die verfrachteten Gegenstände für den Gebrauch der Verwaltungsstellen oder der Streitmacht des feindlichen Staates bestimmt sind. Ferner soll nach Artikel 35 der Begriff der relativen Konterbande ohne weiteres ausgeschlossen sein, wenn sich das Schiff auf der Fahrt nach einem neutralen Hafen befindet.

Diese Bestimmungen, die im wesentlichen dem geltenden Völkerrecht entsprechen und auf einer billigen Abwägung der Interessen der kriegführenden Staaten einerseits und der neutralen Staaten andererseits beruhen, sind durch die Order in Council so gut wie aufgehoben worden. Denn nach Nr. 3 der Order soll die Vermutung für die feindliche Bestimmung der Güter in jedem Falle Platz greifen, wo der Empfänger der Ware unter der Kontrolle der Behörden des feindlichen Staates steht; das bedeutet aber nichts anderes, als daß jede nach dem feindlichen Lande gerichtete Sendung der Beschlagnahme ausgesetzt ist, da sich dort sämtliche Bewohner unter der Kontrolle der Landesbehörden befinden. Diese Bestimmung erhält ihre Ergänzung in Nr. 5 der Order, wonach auch das auf der Fahrt nach einem neutralen Hafen befindliche Schiff wegen relativer Konterbande aufgebracht werden kann; hier wird also entgegen dem Artikel 35 der Londoner Erklärung der nur auf die absolute Konterbande anwendbare Begriff der fortgesetzten Reise auf die relative Konterbande ausgedehnt.

Auf diese Weise werden die milderen Regeln der Londoner Erklärung über die relative Konterbande beseitigt und letztere im Ergebnis der absoluten Konterbande völlig gleichgestellt. Damit wird der zur Versorgung der Bevölkerung eines kriegführenden Staates bestimmte neutrale Handel mit Gegenständen der relativen Konterbande, also insbesondere mit Lebensmitteln, der im geltenden Völkerrecht als legitim anerkannt ist, nahezu illusorisch gemacht und so das Interesse des Kriegführenden wie der Neutralen in völkerrechtswidriger Weise verletzt. Wie die Ereignisse auf dem Seekriegsschauplatz beweisen, geht England nach dieser Richtung in der rücksichtslosesten Weise vor, dergestalt, daß es sogar den für die Nachbarländer Deutschlands bestimmten Bedarf in Kontrolle nimmt und dadurch auch deren Versorgung in Frage stellt.

## II.

Die Britische Regierung glaubt sich über die in den Artikeln 22, 24 und 28 der Londoner Erklärung enthaltenen Listen der absoluten Konterbande, der relativen Konterbande und der nicht als Konterbande zu erklärenden Waren (Freiliste) ohne weiteres hinwegsetzen zu können. Sie hat in ihrer durch die Order in Council unter Nr. 1 aufrechterhaltenen Konterbandeerklärung vom 5. August 1914 Luftfahrzeuge und deren Bestandteile als absolute Konterbande bezeichnet, während diese nach Artikel 24 Nr. 8 der Londoner Erklärung nur als relative Konterbande angesehen werden können. Vor allem hat sie aber in der Proklamation vom 21. September 1914 Gummi, Häute und Felle sowie verschiedene Sorten Eisenerz als relative Konterbande erklärt, obwohl diese Gegenstände nicht oder doch nur sehr mittelbar für kriegerische Zwecke verwendbar sind und daher auf der Freiliste des Artikels

28 stehen (vergl. 3, 4, 6). Damit wird zugleich allgemein anerkannten Regeln des Völkerrechts ins Gesicht geschlagen, wonach der neutrale Handel mit Gegenständen ausschließlich friedlichen Gebrauchs durch die Kriegführenden nicht gestört werden darf.

III.

Eine weitere Verschärfung der Bestimmungen über die Konterbande ergibt sich aus Nr. 2 der Order in Council. Denn der Artikel 38 der Londoner Erklärung läßt, entsprechend dem geltenden Völkerrecht, eine Beschlagnahme des Schiffes wegen Konterbande nur zu, solange sich diese an Bord befindet; dagegen will die britische Regierung, wenn die Beförderung der Konterbande unter Mitnahme falscher Papiere erfolgt ist, das Schiff während der ganzen Dauer der Reise mit Beschlag belegen. Auf diese Weise ist der neutrale Schiffsverkehr mit dem feindlichen Gebiet andauernden Schikanen ausgesetzt, da das Schiff nicht nur auf Grund einer offenkundigen Tatsache, nämlich des Vorhandenseins von Konterbande, sondern auch auf Grund einer häufig nicht nachweisbaren Behauptung über sein früheres Verhalten aufgebracht werden wird.

IV.

Durch die Bestimmung in Nr. 4 der Order in Council wird die Wegnahme wegen Blockadebruchs in unbilliger Weise erweitert, da hiernach die Vermutung für die Kenntnis der Blockade auch dann eintreten soll, wenn das Schiff nach Ablauf einer gewissen Zeit seit der Bekanntgabe der Blockade eines feindlichen Hafens an die dortigen Ortsbehörden einen anderen feindlichen Hafen verlassen hat. Durch diese Bestimmung will die Britische Regierung die Behörden des feindlichen Staates über die durch das Völkerrecht gezogenen Grenzen hinaus in den Dienst der eigenen Seestreitkräfte stellen und diesen Dienst durch die Wegnahme neutraler Schiffe erzwingen.

V.

Nach einem in der Londoner Erklärung bestätigten völkerrechtlichen Grundsatz dürfen an Bord eines neutralen Kauffahrteischiffes nur solche Personen zu Kriegsgefangenen gemacht werden, die bereits in die feindliche Streitmacht eingereiht sind. Dieser Satz ergibt sich aus dem Artikel 45, Abs. 1, Nr. 2 in Verbindung mit dem Artikel 47 und ist im Generalbericht des Redaktionsausschusses der Londoner Konferenz im ersten Absatz der Bemerkungen zum Artikel 45 noch näher ausgeführt worden; denn wie der Generalbericht bemerkt, war sowohl aus juristischen wie aus praktischen Gründen die ganze Konferenz darin einig, daß nur aktive Militärpersonen, nicht aber solche Personen, die sich, wie beispielsweise Reservisten, zur Erfüllung ihrer allgemeinen Dienstpflicht nach der Heimat begeben, der Gefangennahme auf einem neutralen Schiffe unterliegen. Obwohl die britische Order in Council die beiden Artikel ebenso wie die Bemerkungen des Generalberichts als für die Regierung verbindlich anerkannt hat, haben doch die britischen Seestreitkräfte deutsche Wehrpflichtige, die nicht in die Streitmacht eingereiht waren, von Kauffahrteischiffen der niederländischen, der norwegischen und der italienischen Flagge weggenommen und zu Kriegsgefangenen gemacht. Auf diese Weise haben sie nicht nur die in der Londoner Erklärung wiedergegebenen völkerrechtlichen Grundsätze, sondern auch die eigenen staatsrechtlichen Normen gröblich verletzt.

Nach einem im „Journal officiel" vom 26. August 1914 veröffentlichten Dekret des Präsidenten der Französischen Republik hat sich Frankreich auf denselben Standpunkt gestellt wie Großbritannien in seiner Order in Council. Auch haben die französischen Seestreitkräfte in gleicher Weise wie die britischen wehrpflichtige Deutsche von neutralen Schiffen, insbesondere von niederländischen und spanischen, weggenommen.

Die Verordnungen und darüber hinausgehend die Seestreitkräfte Großbritanniens und Frankreichs setzen sich hiernach über die in der Londoner Seekriegsrechtserklärung niedergelegten Regeln in willkürlichster Weise hinweg. Sie verfolgen ausgesprochenermaßen den Zweck, durch Lahmlegung des neutralen Handels nicht nur die Kriegführung, sondern auch die Volkswirtschaft ihrer Gegner zu treffen, und greifen dabei in unzulässiger Weise sowohl in den legitimen Handel der Neutralen mit dem Gegner, als auch in den Handel der Neutralen untereinander ein. Die Londoner Erklärung ist zwar bisher nicht ratifiziert worden; wie indes die Bevollmächtigten der Signatarmächte, mit Einschluß der britischen und französischen, in der einleitenden Bestimmung ausdrücklich festgestellt haben, entsprechen die Regeln der Londoner Erklärung im wesentlichen den allgemein anerkannten Grundsätzen des internationalen Rechtes. Die von Großbritannien und Frankreich beliebten Verletzungen der Londoner Erklärungen stellen sich daher zugleich als Verletzungen des Völkerrechts dar, die um so schwerer ins Gewicht fallen, als Großbritannien in Kriegen, in denen es neutral war, wie beispielsweise im russisch-japanischen Kriege, gegen solche Rechtsverletzungen auf das nachdrücklichste Einspruch erhoben hat. (Vgl. das engl. Blaubuch Russia Nr. 1, 1905, Correspondence respecting Contraband of War S. 8 ff.)

Die Kaiserlich Deutsche Regierung hat bisher die Bestimmungen der Londoner Erklärung streng beobachtet, auch deren Inhalt in der deutschen Prisenordnung vom 30. September 1909 (Reichs-Gesetzbl. 1914 S. 275) sinngetreu wiedergegeben; an dieser Haltung hat sie sich selbst durch die flagranten Rechtsverletzungen ihrer Gegner nicht irre machen lassen. Sie muß sich indes die Frage vorlegen, ob sie an diesem Standpunkt noch länger festhalten kann, wenn die feindlichen Mächte das von ihnen eingeschlagene Verfahren fortsetzen und die neutralen Mächte sich solche Neutralitätsverletzungen zu ungunsten deutscher Interessen gefallen lassen. Für die Deutsche Regierung würde es daher von Wert sein, zu erfahren, welche Stellung die neutralen Mächte zu dem völkerrechtswidrigen Verhalten Großbritanniens und Frankreichs einzunehmen gedenken, und ob sie insbesondere gegen die an Bord ihrer Schiffe vorgenommenen Gewaltakte an deutschen Personen und deutschem Gut einschreiten wollen."

## 6.
## Order in Council vom 29. Oktober 1914.

Diese Note der deutschen Regierung hatte aber keinen Erfolg. Im Gegenteil zeigte die am 29. Oktober 1914 veröffentlichte neue, der niederländischen Regierung in Aussicht gestellte Order in Council, daß die englische Regierung nicht gesonnen war, von ihrem einmal eingeschlagenen Wege abzugehen.

Diese Order in Council hob diejenige vom 20. August 1914 auf und ersetzte sie durch neue Bestimmungen, deren hauptsächlichsten die folgenden sind:

1. Vermutung feindlicher Bestimmung wird außer in den in der Londoner Erklärung vorgesehenen Fällen angenommen bei Gütern, die für oder zu Gunsten eines Agenten eines feindlichen Staates bestimmt sind.
2. Relative Konterbande ist auf Schiffen, die nach neutralem Land unterwegs sind, der Beschlagnahme ausgesetzt, wenn sie konsigniert sind „an Order", oder wenn die Papiere den Empfänger nicht erkennen lassen, oder wenn sie einen Empfänger in feindlichem oder vom Feinde besetztem Gebiet angeben.
3. In vorstehenden Fällen, in denen die Vermutung feindlicher Bestimmung angenommen werden kann, müssen die **Eigentümer der Ladung** deren unschuldige Bestimmung beweisen.
4. Die englische Regierung behält sich vor, den Artikel 35 der Londoner Erklärung denjenigen neutralen Staaten gegenüber außer Kraft zu setzen, aus deren Land oder durch deren Land die feindliche Regierung für ihre Streitmacht Zufuhren bezieht.
5. Im übrigen sollten die Bestimmungen der Londoner Erklärung gelten. Jedoch ist die Bestimmung der Order in Council vom 20. August 1914, durch die auch der Generalbericht zur Londoner Erklärung als rechtsverbindlich anerkannt worden war, nicht wiederholt worden.
6. Die Liste der Gegenstände absoluter Konterbande wird von 12 auf 26 Nummern, die der relativen Konterbande von 13 auf 15 Nummern gebracht.

Abgesehen davon, daß der Generalbericht zur Londoner Erklärung nicht mehr als in Geltung befindlich anerkannt wurde, sind die Grundlagen der neuen Bestimmungen dieselben geblieben wie bei der Order in Council vom 20. August 1914. Insbesondere ist die Anwendung des Grundsatzes der fortgesetzten Reise in vollem Umfang bestehen geblieben, denn es sollen alle Güter relativer Konterbande der Beschlagnahme unterliegen, deren Papiere ergeben, daß sie über neutrales nach feindlichem Land unterwegs sind. Diese Bestimmung korrespondierte also mit derjenigen der Order in Council vom 20. August 1914, nach welcher das gleiche Schicksal Gütern relativer Konterbande drohte, die für eine unter der Kontrolle feindlicher Behörden stehende Person unterwegs waren. Darüber hinaus wurde sogar eine Verschärfung getroffen, indem bei Gütern, die nach Ausweis der Ladungspapiere für neutrales Land bestimmt waren, dieser Tatsache ungeachtet feindliche Bestimmung vermutet werden sollte, wenn das Gut „an Order" konsigniert war, oder die Ladungspapiere den Empfänger nicht erkennen ließen.

In allen diesen Fällen wurde außerdem dem Eigentümer der Ware, wollte er seine Ware nicht ohne weiteres verlieren, die Beweislast dafür auferlegt, daß die Ware trotz der gegen sie sprechenden Vermutung feindlicher Bestimmung in Wirklichkeit eine unschuldige Bestimmung hatte. Abgesehen davon, daß dies die Praxis bereits seit Ausbruch des Krieges war, wie die erwähnte Mitteilung der niederländischen Regierung ergibt, steht eine solche Regelung mit den Grundsätzen des Völkerrechts in Widerspruch. Hiernach hat der Kaptor die feindliche Bestimmung zu beweisen, und nicht umgekehrt der Eigentümer der Ware die friedliche Bestimmung derselben.

Es gibt zwar einige wenige Fälle, und auch die Londoner Erklärung kennt solche, in denen dem Kaptor Vermutungen zur Seite stehen, die ihm seine Beweislast erleichtern. Aber dies sind Fälle, in denen die Umstände derartig sind, daß bei ihrem Vorliegen mit fast völliger Sicherheit angenommen werden kann, daß das Gut feindliche Bestimmung im wahren Sinne des Wortes hat. Solche Umstände liegen aber nicht vor, wenn eine für ein neutrales Land bestimmte Sendung nach dem allgemeinen Verkehrsgebrauch „an Order" konsigniert ist, oder wenn eine private Person im feindlichen Land der Empfänger ist. Wenn in solchen Fällen die Vermutung feindlicher Bestimmung aufgestellt wird, so stützt sie sich nicht auf irgendeinen Grad von Wahrscheinlichkeit feindlicher Bestimmung, sondern auf Willkür. Diese Willkür trat hier um so deutlicher hervor, als jetzt sogar die anläßlich der Order in Council vom 20. August 1914 hinsichtlich der deutschen Lebensmittelversorgung aufgestellte Behauptung angeblicher deutscher staatlicher Kontrolle derselben nicht wiederholt wurde, das wäre ja auch nicht möglich gewesen, denn eine solche staatliche Kontrolle gab es nicht. Außerdem aber wird der dem neutralen Eigentümer auferlegte Beweis friedlicher Bestimmung nur in seltenen Fällen zur Zufriedenheit des Kriegführenden geführt werden können, wie dies die bereits erwähnte Mitteilung der niederländischen Regierung zu diesem Punkte genügend deutlich ergibt. Immer aber wird eine solche Beweisregelung zu langen Aufenthalten und großen Verlusten für den neutralen Interessenten führen. Dem feindlichen Eigentümer ist aber die Beweisführung überhaupt unmöglich, weil er vor englischen Prisengerichten gar nicht zugelassen wird.

So ergibt sich also, daß unter der Herrschaft der Bestimmungen der Order in Council vom 29. Oktober 1914 für die Versendung von Gegenständen relativer Konterbande, die für den Verbrauch der deutschen Zivilbevölkerung bestimmt waren, einschließlich Lebensmittel, dasselbe gilt, wie unter der Order in Council vom 20. August 1914, das heißt, sie war praktisch unmöglich gemacht.

Das aber stand in denkbar schärfstem Gegensatz zum Völkerrecht, und insbesondere zu denjenigen Grundsätzen, die die englische und amerikanische Regierung in diesen Fragen und vorzüglich der Frage der Verschiffung von Lebensmitteln stets eingenommen hatten.

Über Englands Stellungnahme in diesen Fragen gibt Aufschluß folgendes Zitat aus Moore, International Law Digest, Band VII, Seite 682:

„Lord Granville, British foreign secretary, however, in a note to M. Waddington, of February 27, 1885, declared that the British Government could not admit that provisions could be treated as contraband of war merely because they were consigned to a belligerent port. The British Government, said his lordship did not deny that provisions might acquire a contraband character under particular circumstances, **as if they should be consigned directly to the fleet of a belligerent** or to a port where such fleet was lying, **but that there must, in any event, be circumstances relative to any particular cargo, or its destination, to displace the presumption that articles of this kind are intended for the ordinary use of life**, and to show prima facie, at all events that they are destined for military use, before they could be treated as contraband."

Und ferner: Moore, International Law Digest, Band VII, Seite 685:

„In the course of the correspondence, Lord Salisbury thus defined the position of Her Majesty's Government on the question of contraband:

„Food stuffs, with a hostile destination, can be considered contraband of war only if they are supplies for the enemy's forces. **It is not sufficient that they are capable of being so used.** It must be shown that this was **in fact** their destination at the time of the seizure.""

Wie die englische Regierung in dieser Frage urteilte, so urteilte auch die Regierung der Vereinigten Staaten. Hierfür diene als Beweis die Instruktion, die der Staatssekretär der Vereinigten Staaten von Amerika, Hay, anläßlich eines vom Prisengericht Wladiwostock am

30. August 1904 erlassenen Urteils an den Botschafter in Petersburg erlassen hat (Moore, International Law Digest, Band VII, Seite 691):

„When war exists between powerful states, it is vital to the legitimate maritime commerce of neutral states, that there be no relaxation of the rule, no deviation from the criterion for determining what constitutes contraband of war, lawfully subject to belligerent capture namely: Warlike nature, use and destination. Articles which, like coal, cotton and provisions, though ordinarily innocent, are capable of warlike use, are not subject to capture and confiscation unless shown by evidence to be actually destined for the military or naval forces of a belligerent.

**The substantive principle of the law of nations cannot be overriden by technical rules of the Price Court that the owners of the captured cargo must prove that no part of it may eventually come to the hands of the enemy forces. The proof is of an impossible nature;** and it cannot be admitted that the absence of proof in its nature impossible to make can justify the seizure and condemnation. If it were otherwise, all neutral commerce with the people of a belligerent State would be impossible, the innocent would suffer inevitable condemnation with the guilty . . . . .

If the principle . . . is acquiesced in, it means, if carried unto full execution, the complete destruction of all neutral commerce with the non-combatant population of Japan; **it obviates the necessity of blockades: it renders meaningless the principle of the Declaration of Paris ... that a blockade in order to be obligatory must be effective; it obliterates all distinction between commerce in contraband and non contraband goods and is in effect a declaration of war against commerce of every description between the people of a neutral and those of a belligerent State.“**

Und vorher im Jahre 1885, als Frankreich Reis zur Konterbande erklärte, äußerte sich der amerikanische Botschafter in Berlin in einem Schreiben vom 28. April 1885 an den amerikanischen Staatssekretär in folgenden Sätzen (Moore, International Law Digest, Band VII, Seite 683):

„I beg your attention to the importance of the principle involved in this declaration, as it concerns our American interests. We are neutrals in European wars. Food constitutes an immense portion of our exports. Every European war produces an increased demand for these supplies from neutral countries. **The French doctrine declares them contraband, not only when destined directly for military consumption, but when going in the ordinary course of trade as food for the civil population of the belligerent Government.** If food can be thus excluded, still more can clothing, the instruments of industry, and all less vital supplies be cut off, on the ground that they tend to support the efforts of the belligerent nation. Indeed, the real principle involved goes to this extent, that everything, the want of which will increase the distress of the civil population of the belligerent country may be declared contraband of war.

**The entire trade of neutrals with belligerents may thus be destroyed, irrespective of an effective blockade of ports.** War itself would become more fatal to neutral States than to belligerent interests.

**The rule of feudal times, the starvation of beleaguered and fortified towns, might be extended to an entire population of an open country. It is return to barbaric habits of war**"[1]).

Die in diesen Äußerungen der britischen und nordamerikanischen Staatsmänner zutage tretenden Grundsätze entsprechen nicht nur dem Völkerrecht vergangener Zeiten[2]). Sie entsprechen auch den Grundsätzen der Neuzeit, wie sie insbesondere auf der Haager und der Londoner Konferenz einstimmig vertreten worden waren. Die Bestimmungen der Orders in Council waren ein Rückschritt, waren ein Rückfall in die unmenschliche Kriegführung längst vergangener alter Zeiten. Sie beseitigten mit einem Schlage die durch die Grundsätze der Menschlichkeit bedingte neuere Entwickelung des Völkerrechts, welche zum Ziele hatte, die Kriegführung auf die Streitmächte zu beschränken, und die unschuldige Zivilbevölkerung der kriegführenden Staaten vor den Leiden des Krieges zu bewahren. In späteren Noten hat die englische Regierung diesen Rückschritt damit zu begründen versucht, daß

---

[1]) Vgl. auch: Manual of British Prize Law, 1888. „The presumption — that provisions are contraband — arises, when such hostile destination is either the enemy's fleet at sea, or a hostile port used exclusive by or mainly for naval or military equipment."

United States General Orders of 1898 erklären als relative Konterbande: „provisions when destined for an enemy's ship or ships or for a place, that is besieged."

United States War Code von 1900 erklärt in Art. 24, daß Gegenstände relativer Konterbande nur beschlagnahmt werden dürfen, „when actually and especially destined for the military or naval forces of the enemy."

[2]) 1. Lehrreich sind insbesondere die folgenden Sätze aus dem Report of the Royal Commission on Supply of Food and Raw Material in Time of war, Vol. I, S. 26 vom Jahre 1905:

„The interest of neutral nations in the maintenance of International Law (especially if the nation interested is strong enough to enforce its views) affords a further, and increasingly potent, guarantee of its being duly observed. It is, for instance, hardly to be expected that a neutral nation, if able to resent it, would tolerate the seizure, as contraband, of goods which had previously been recognised by International Law as innocent. It should be remembered also that the nation which we should have the greatest reason to hope would be neutral, were Great Britain engaged in war, the United States of America, is also that which, in such a case, would be most interested in maintaining those neutral rights of which it has ever been the foremost advocate."

2. Lehrreich ist weiter auch die Instruktion der englischen Regierung vom 12. Juni 1907 an ihren Bevollmächtigten zur Haager Konferenz, die in Punkt 28 ausführt:

„It is essential to the interest of Great Britain that every effective measure necessary to protect the importation of food supplies and raw materials for peaceful industries should be accompanied by all the sanctions which the law of nations can supply."

gegenüber der Zufuhr eines Staates, in dem, wie in Deutschland, kein Unterschied zwischen der Streitmacht und der zivilen Bevölkerung besteht, auch kein Unterschied mehr bestehe zwischen der für die Streitmacht und der für die zivile Bevölkerung bestimmten Zufuhr, insbesondere der Lebensmittelzufuhr. Eine Kennzeichnung dieses Versuches erübrigt sich, wenn man bedenkt, daß zur Zeit des Erlasses der Order in Council nur ein kleiner Bruchteil der Bevölkerung Deutschlands unter den Waffen stand, und wenn man weiter bedenkt, daß es außer der waffenfähigen deutschen Bevölkerung auch Frauen, Kinder, Greise, Kranke und Säuglinge gibt.

Im übrigen war ja die Tatsache der wie in Deutschland so in fast allen europäischen Staaten bestehenden allgemeinen Wehrpflicht auch schon zu den Zeiten der Londoner Konferenz bekannt. Trotzdem hat die englische Regierung die Londoner Erklärung unterzeichnet, die den Unterschied zwischen Zivilbevölkerung und Streitmacht in ihren Bestimmungen doch aufrecht erhielt und deutlich unterstrich! Diese Begründung vermag mithin das englische Vorgehen gegen die Lebensmittelzufuhr für die deutsche Zivilbevölkerung ebensowenig zu rechtfertigen, wie die der Order in Council vom 20. August 1914 gegebene und den Tatsachen widersprechende Begründung, daß die deutsche Lebensmittelversorgung in staatliche Kontrolle genommen sei. Somit kann eine Rechtfertigung dafür, daß von englischer Seite vom ersten Tage des Krieges an versucht wurde, die deutsche Bevölkerung auszuhungern, weder in Tatsachen, noch in Grundsätzen des Völkerrechts gefunden werden. Dieser Versuch war und blieb völkerrechtswidrig, und daher unmenschlich.

Die Bestimmungen der Order in Council machen aber nicht nur die Einfuhr von Konterbande nach Deutschland unmöglich, sie drohen vielmehr das gleiche der Einfuhr an, die für das neutrale Land selbst bestimmt ist. Diese Drohung ist in der oben unter Nr. 4 aufgeführten Bestimmung enthalten. Sie besagt ihrem Wortlaut nach zwar nur, daß der Artikel 35 der Londoner Erklärung gegebenenfalls nicht mehr zur Anwendung kommen soll. In der Tat waren aber die Prinzipien dieses Artikels — Verbot der Anwendung des Grundsatzes der fortgesetzten Reise, Beweiskraft der Schiffspapiere — bereits durch die anderen Bestimmungen der Order in Council beseitigt. Die Bestimmung kann mithin nur den Sinn haben, die Handhabe zu schaffen, gegenüber **allen** Sendungen relativer Konterbande nach neutralem Land die Vermutung feindlicher Bestimmung geltend zu machen. Hiernach setzte sich also jeder neutrale Staat, der es duldete, oder der es auch nur nicht verhinderte, daß Zufuhren irgendwelcher Art, also nicht nur Konterbande, aus dem Lande oder auf dem Wege durch das Land an die feindlichen Streitkräfte gelangte, der Gefahr aus, mit Feindesland auf eine Stufe gestellt zu werden [1]).

[1]) Das war auch die Auffassung in den neutralen Staaten. Vgl. z. B. Nieuwe Rotterdamsche Courant, vom 9. November 1914, wo festgestellt wird, daß, wenn auch nur eine Sendung Zigarren — also keine Konterbande — aus den Niederlanden an das deutsche Heer gehe, dies genüge, um das ganze Land und seine Kolonien, was den Seehandel angehe, mit Feindesland auf eine Stufe zu stellen.

Die Folgerung ergibt sich von selbst. Der neutrale Staat sollte gezwungen werden, seinen Ausfuhr- und seinen Durchfuhrhandel den Interessen der englischen Kriegführung anzupassen[1]. Diese Maßregel stellt sich also als unmittelbarer Angriff auf die Souveränität der neutralen Staaten dar. Daß eine solche Maßregel in denkbar schärfstem Widerspruch zum Völkerrecht stand, erübrigt sich ausdrücklich festzustellen.

Zum Schluß ist noch die Erweiterung der mit der Order in Council veröffentlichten Konterbandeliste einer Betrachtung zu unterziehen. Die Erweiterung betraf die Liste der absoluten Konterbande, in die Gegenstände der Freiliste der Londoner Erklärung, wie Eisenerze, Aluminium, Nickel, Kupfer, Gummi, Schwefelsäure aufgenommen worden sind.

Absolute Konterbande sind von jeher nur Gegenstände gewesen, die **ausschließliche** Verwendung für den Krieg finden[2]. Außerdem stellte der Generalbericht zur Londoner Erklärung zu der von der Londoner Konferenz aufgestellten Liste ausdrücklich fest, daß es schwierig sein würde, „Gegenstände, die ausschließlich für den Krieg verwandt werden, anzugeben, die nicht schon auf der Liste stehen". Daß aber die nunmehr über diese Liste hinaus zu absoluter Konterbande erklärten Gegenstände nicht Gegenstände sind, die ausschließlich für den Krieg verwandt werden, ergibt sich schon daraus, daß beispielsweise Gummi bei der Krankenpflege eine weitgehende Verwendung findet! Wie wenig dies Vorgehen auch dem entspricht, was Englands Regierung noch im Jahre 1904 als Völkerrecht angesehen hat, beweise folgende Stelle aus einer Protestnote von Lord Lansdowne gegenüber der russischen Bestimmung, daß Reis und Lebensmittel als absolute Konterbande anzusehen seien:

> „His Majesty's Government desire to point out that the decision of the prize court of the captor in such matters, in order to be binding on neutral states, must be in accordance with recognized rules and principles of international law.
>
> His Majesty's Government feel themselves bound to reserve their rights by **protesting against the doctrine that it is for the belligerent to decide that certain articles, or classes of articles, are as a matter of course,** and without reference to the consi-

---

[1]) Amerikanische Zeitungen jener Zeit haben berichtet, daß England das Verlangen gestellt habe, Amerika solle jeglichen Handel mit Deutschland aufgeben. Als Gegengabe sei in Aussicht gestellt worden, die in den englischen Kolonien erlassenen Ausfuhrverbote für Gummi, Häute, Mangan und Wolle aufzuheben. Diese Mitteilungen wurden veröffentlicht unter der bezeichnenden Überschrift: „England suggests that United States aid in starving Germany". Vgl. New-York Sun. 1. 12. 14.

[2]) Vgl. auch die Instruktion der englischen Regierung an ihren Bevollmächtigten zur Londoner Konferenz, welche unter Punkt 13 folgendes ausführt:

„It may be doubted whether a rule, known to be favoured by some of the Powers, under which additions to an established list of absolute contraband would be either prohibited altogether or allowed only conditionally on notice previously given, could be brought within the purview of the Declaration. It appears to be generally agreed that no such addition ought in any case to be admissible, except in the case of articles which cannot be utilised for other than warlike purposes."

derations referred to in the earlier portion of this despatch, **to be dealt with as contraband of war regardless of the well-established rights of neutrals;** and His Majesty's Government could not consider themselves bound to recognize as valid the decision of any prize court which violated those rights, or was otherwise not in conformity with the recognised principles of international law."

Im Hinblick auf die englische Order in Council ist es ferner lehrreich, an die Rede Lord Lansdownes vom 12. August 1904 zu erinnern, in der er den vorerwähnten Versuch der russischen Regierung, Lebensmittel, Baumwolle und Brennmaterialien für absolute Konterbande zu erklären, bezeichnete als: „regardless of the well established rights of neutrals".

Es war selbstverständlich, daß die neutralen Staaten Bestimmungen, wie sie die Order in Council traf, nicht unwidersprochen hinnehmen konnten. So verzeichnet denn auch der bereits mehrfach erwähnte Recueil der niederländischen Regierung einen abermaligen Protest. Der Protest hat sich hiernach sowohl gegen die neuen Tatbestände gerichtet, bei deren Vorliegen feindliche Bestimmung vermutet werden kann, als auch besonders dagegen, daß ein Schiff mit relativer Konterbande ohne weiteres schon dann der Beschlagnahme ausgesetzt werden kann, wenn es nach einem neutralen Land unterwegs ist, aus dem oder durch das die feindliche Regierung irgendwelche Gegenstände bezieht.

Außer diesem holländischen Protest ist noch zu verzeichnen ein gemeinsamer Protest der drei skandinavischen neutralen Staaten, der mit folgenden Worten gegen die englische Konterbandepolitik und die englische Praxis der Seekriegführung Stellung nimmt:

„La liberté des mers et le droit imprescriptible des neutres de se servir des voies communes à tous ont été amoindris et circonscrits aussi par la prétention d'imposer aux navires neutres les obligations de suivre certaines routes et de faire escale dans certains ports, sans même que les neutres n'aient donné juste cause de soupçons qui pourraient motiver, voire justifier, ces restrictions.

Les notions de contrebande, tant absolue que relative, ont été dénaturées et démesurément étendues, ce qui constitue autant d'empiètements sur les droits des neutres.

En voulant appliquer à la contrebande conditionnelle la théorie du voyage continu et certaines présomptions défavorables aux neutres on prétend assimiler, en réalité, cette contrebande à la contrebande absolue, ce qui constituerait une innovation des plus dangereuses.

Quant à la visite et la capture, les règles reconnues universellement depuis des siècles ne sont plus observées, ce qui cause au commerce légitime des retards qui entraînent des pertes considérables.

Dans les mesures indiquées, et dans d'autres encore, on retrouve la tendance d'exercer sur le commerce des pays neutres un contrôle qui est imcompatible avec les droits, et même avec les devoirs, des neutres."

## 7.
## Durchführung der Order in Council vom 29. Oktober 1914.

Offensichtlich in Durchführung der erwähnten Bestimmung der Order in Council vom 29. Oktober 1914, nach welcher gegebenenfalls das neutrale Land dem feindlichen Land gleichgestellt werden kann, ist die englische Regierung an die neutralen Regierungen mit dem Verlangen herangetreten, ihre Ausfuhr- und Durchfuhrpolitik nach bestimmten englischen Forderungen zu regeln. So ist in Holland nach dem bereits mehrfach erwähnten Recueil der niederländischen Regierung Erlaß von Ausfuhrverboten für alle Gegenstände der englischen Liste absoluter oder relativer Konterbande von dem englischen Gesandten gefordert worden. Außerdem aber sind besondere Garantien hinsichtlich des endgültigen Verbleibs bestimmter, von der englischen Regierung bezeichneter Konterbandegegenstände verlangt worden. Die niederländische Regierung hat das Verlangen unter Berufung darauf, daß sie durch die Ausführung sich einer Neutralitätsverletzung schuldig machen würde, abgelehnt.

Das gleiche Verlangen ist den anderen neutralen europäischen Staaten gestellt worden. Das beweist nicht nur der Erlaß von Ausfuhrverboten nach dem 29. Oktober in diesen Staaten, sondern wird auch ausdrücklich bestätigt durch die Note der Regierung der Vereinigten Staaten vom 26. Dezember 1914, nach welcher die englische Regierung mitgeteilt hatte, sie sei durch die Garantien zufriedengestellt, welche die Regierungen Norwegens, Schwedens und Dänemarks hinsichtlich des Verbotes der Ausfuhr von Konterbande gegeben hätten.

Selbst in den Vereinigten Staaten scheint das gleiche Verlangen gestellt worden zu sein, wie die bereits oben mitgeteilten Berichte der amerikanischen Zeitungen beweisen.

Trotz dieser Garantien, die die neutralen Staaten hinsichtlich der Nichtausfuhr und Durchfuhr von Konterbande gegeben hatten, änderte sich aber die Praxis der englischen Seekriegführung keineswegs. So berichtet die niederländische Regierung in ihrem Recueil: Sie habe gegen die Bestimmungen der Order in Council Einspruch eingelegt, und zwar besonders gegen die Bestimmung, daß die englische Regierung es sich vorbehalten habe, Schiffe mit relativer Konterbande auf dem Wege nach neutralen Staaten dann ohne weiteres zu beschlagnahmen, wenn sie feststellen sollte, daß der Gegner aus oder durch dieses neutrale Land irgendwelche Gegenstände bezieht. Die englische Regierung habe sich zwar bereit erklärt, Nahrungsmittel, aber nur solche, die **nicht** zu den **unentbehrlichen** gehörten, **dann** unangetastet zu lassen, wenn sie an bestimmte Personen gerichtet wären **und** wenn außerdem unumstößlich nachgewiesen sei, daß diese Personen nicht Zwischenhändler für eine feindliche Regierung wären. Der Recueil schließt seinen Bericht mit den Worten:

„Abgesehen von diesem kleinen Zugeständnis blieb der Zustand derselbe unter der neuen Order in Council, wie er unter der Order vom 22. August 1914 gewesen war. Erst die Gründung des N. O. T. (Netherland Oversea Trust) und seine Anerkennung durch die Alliierten haben die Situation gebessert."

Die niederländische Regierung gibt in ihrem Recueil auch Aufschluß über die Konterbandepolitik der englischen Regierung. Hiernach waren von englischen Seestreitkräften auch solche Waren beschlagnahmt worden, die zu dem Zeitpunkt der Verschiffung noch nicht auf der Liste der Konterbande standen. Gemäß Art. 43 der Londoner Erklärung, der durch die englischen Orders in Council keine Abänderungen erfahren hatte, darf die Beschlagnahme nur gegen Ersatz des Wertes erfolgen. Diesen Wertersatz aber hatte die englische Regierung verweigert, und es bedurfte nach dem Recueil langer Verhandlungen, um Ersatz von der englischen Regierung für die Beschlagnahme derartiger Gegenstände zu erhalten.

Aber nicht nur gegenüber der Einfuhr nach Holland blieb die englische Praxis unverändert, sie blieb vielmehr die gleiche auch gegenüber der nach den anderen europäischen Ländern und trotz der von den Regierungen dieser Staaten gegebenen Garantien. Das ergibt sich aus folgenden Sätzen der Note der Vereinigten Staaten vom 26. Dezember 1914, die zugleich eine Bestätigung der Angaben des holländischen Recueil über die Praxis vor der Order in Council vom 29. Oktober 1914 waren:

„In den Anfangstagen des Krieges nahm die Regierung an, daß das Vorgehen der britischen Regierung hervorgerufen war durch den unerwarteten[1]) Ausbruch des Krieges und die Notwendigkeit, durch sofortige Maßnahmen zu verhindern, daß Konterbande zum Feinde gelange. Aus diesem Grunde war sie nicht geneigt, dieses Vorgehen streng zu beurteilen oder ernstlich dagegen zu protestieren, obgleich es offenbar dem amerikanischen Handel mit den neutralen Ländern sehr abträglich war. Die Regierung vertraute darauf, daß die in der Vergangenheit so oft bewiesene Achtung Groß-Britanniens vor den Rechten anderer Nationen zu einer Änderung des Vorgehens führen würde, welches dem neu-

[1]) Vgl. hierzu „The Times", January 29, 1919.
„The Dover Patrol."
The story of the Dover Patrol begins with the passing through the Straits **in the last night of July, 1914** (— also kurz nach der russischen allgemeinen Mobilmachung und **vor** der deutschen **und** französischen Mobilmachung! —), of the Grand Fleet on passage from Portland to its war station at Scapa. **From that date onwards** the Patrol's duty of maintaining a vigilant watch and guard grew in importance and increased in danger.

tralen Handel die Freiheit nahm, zu der er nach dem Völkerrecht berechtigt war. . . ."

„Die Erwartung schien um so mehr gerechtfertigt, als die britische Regierung früh im November mitgeteilt hatte, sie sei zufriedengestellt durch die Garantien, welche die norwegische, schwedische und dänische Regierung hinsichtlich der Nichtwiederausfuhr von Konterbandegütern, die an **bestimmte** Empfänger im neutralen Ausland gerichtet waren, gegeben hatten, und daß Befehle an die britische Flotte und Zollämter gegeben worden seien, sich in ihrem Vorgehen gegenüber neutralen Schiffen mit solchen Ladungen darauf zu beschränken, die Übereinstimmung von Papieren und Ladungen festzustellen. **Es muß nun aber mit tiefem Bedauern festgestellt werden, daß, obwohl fast fünf Monate seit Beginn des Krieges verstrichen sind, die britische Regierung ihr Vorgehen in Wirklichkeit nicht geändert hat, und Schiffe und Ladungen auf dem Wege zwischen neutralen Häfen nicht weniger rücksichtslos behandelt."**

Diese Note will aber, nach ihrer eigenen ausdrücklichen Angabe, **nur** Protest gegen die Behandlung einlegen, die England den Konterbandeladungen, **die auf dem Wege nach neutralem Lande begriffen sind**, angedeihen läßt. Einen Protest gegen die Unterbindung des direkten Handels nach Deutschland schließt sie damit aus. Weiter will die Note auch nicht gegen die Erweiterung der Konterbandelisten protestieren[1]), obgleich auch dies Verfahren, wie erklärt wird, zu Beanstandungen Anlaß geben könne. Trotz dieser Einschränkungen kann die Note aber nicht umhin, folgendes festzustellen:

1. Die Behandlung absoluter Konterbande ist willkürlich. Absolute Konterbande wird festgehalten unter der Begründung, im neutralen Bestimmungslande bestände kein Ausfuhrverbot für den betreffenden Gegenstand. Sie wird aber auch festgehalten, **wenn** ein Ausfuhrverbot besteht. Die Beschlagnahmungen sind so zahlreich, und die Festhaltung dauert so lange an, daß die Exporteure es nicht mehr wagen, zu exportieren, daß Dampferlinien die Annahme verweigern und Versicherer keine Versicherung mehr gewähren.
2. Die Behandlung relativer Konterbande ist ebenso unvereinbar mit dem Völkerrecht. Trotz der Vermutung unschuldiger Bestimmung und Verbrauchs, ohne daß die britische Regierung im Besitze von Beweisen ist, welche den Verdacht feindlicher Bestimmung rechtfertigen, und lediglich auf Grund vager Vermutungen, z. B. weil die britische Regierung **glaube,** die Ladungen **könnten vielleicht** später doch noch zum Feinde gehen, **werden Lebensmittel beschlagnahmt und dies selbst dann, wenn für diesen Ver-**

[1]) Ein Protest der Vereinigten Staaten gegen die Erweiterung der Konterbandelisten ist niemals erfolgt, obgleich nicht nur in dieser Note auf die Unzulässigkeit der Erweiterung hingewiesen wurde, sondern ein solcher Protest in der an die englische Regierung gerichteten Note vom 5. November 1915 sogar ausdrücklich in Aussicht gestellt worden war. — Übrigens haben die Vereinigten Staaten auch die deutsche Denkschrift vom 10. Oktober 1914 nicht in ihre amtlichen Publikationen aufgenommen.

**dacht infolge der im Bestimmungslande bestehenden Ausfuhrverbote keinerlei Raum ist. Die Praxis ist derart, daß Erzeuger und Exporteure, Dampfschiff- und Versicherungsgesellschaften vor der Gefahr stehen, daß ihr transatlantischer Handel allmählich vernichtet wird.**

Trotz dieser in der Note gekennzeichneten schweren Eingriffe in die neutrale Schiffahrt gibt die Note keineswegs Auskunft über den ganzen Umfang dieser Eingriffe. So war es z. B. vom ersten Tage des Krieges an Praxis der englischen Seestreitkräfte, angetroffene Schiffe nicht auf See zu untersuchen, sondern sie in die englischen Häfen zur Untersuchung einzubringen. Wochen- ja monatelang wurden die Schiffe festgehalten. Das geschah weniger zu dem Zweck der Untersuchung, als vielmehr zu dem Zweck, durch die dadurch entstehenden Verluste die Reedereien zu zwingen, ihre Schiffe auf jeder Reise aus eigenem Antrieb englische Häfen zur Kontrolle aufsuchen zu lassen, wie das am 5. Januar 1916 veröffentlichte „Whitepaper“ der englischen Regierung ergibt. Daß dies die Unterwerfung unter die englischen Bedingungen hinsichtlich aller Verschiffungen solcher Reedereien zur Folge hatte, ist selbstverständlich.

Für Verschiffungen nach Holland galten aber die Bestimmungen der Order in Council überhaupt nicht mehr, sondern die Bedingungen der unter englischem Zwang gegründeten N. O. T. Diese Organisation, die die Versorgung der Niederlande wieder in die Wege leiten sollte — es mag an die Mitteilung der niederländischen Regierung in ihrem Recueil erinnert werden, nach welcher Lebensmittelmangel in Holland infolge der englischen Praxis entstanden war — konnte dies nur erreichen, indem sie gleichzeitig dafür garantierte, daß keine eingeführte und ebenso keine mit einem Ausfuhrverbot belegte Ware nach Deutschland aus- oder durchgeführt wurde. Gegenüber Waren, die nicht an den N. O. T. konsigniert waren, wurde ohne weiteres die Vermutung feindlicher Bestimmung geltend gemacht, wie aus dem eben erwähnten „Whitepaper“ vom 5. Januar 1916 hervorgeht.

Selbst neutrale Schiffe, die ausschließlich mit freien Gütern beladen waren, wurden eingeschleppt, weil sie Konterbande in oder unter den freien Gütern verborgen haben könnten[1]). Güter, die zum Zwecke der Untersuchung gelöscht waren, wurden sehr häufig selbst dann nicht wieder freigegeben, wenn ihre friedliche Bestimmung nachgewiesen war, sondern sie wurden requiriert, oder es wurde ihre Freigabe deswegen verweigert, weil in England Ausfuhrverbote bestanden. Das geschah auch mit freien Gütern.

Wie dieses Vorgehen selbst auf dem Gebiete des Handels mit freien Gütern wirkte, zeigt am besten der Fall der Verschiffung von Baumwolle von Nord-Amerika.

Ihre Verschiffung ruhte in den ersten Monaten des Krieges fast vollständig. Der Grund hierfür war, daß in den Vereinigten Staaten hartnäckig das Gerücht verbreitet war, Baumwolle werde von eng-

[1]) Vgl. englische Noten an die Regierung der Vereinigten Staaten vom 7. Januar und 10. Februar 1915.

lischen Seestreitkräften als Konterbande behandelt, bezw. die Erklärung von Baumwolle zur Konterbande stehe bevor. Erst am 26. Oktober 1914 war das amerikanische State Department in der Lage, eine Mitteilung des englischen Botschafters bekannt zu geben, daß diese Gerüchte falsch seien. Von Frankreich ging eine ähnliche Erklärung erst am 17. Dezember aus. Inzwischen aber waren sowohl in Holland als auch in Dänemark Aus- und Durchfuhrverbote erlassen. Wurden aber neutrale Schiffe, die trotzdem Baumwolle, für neutrale Staaten bestimmt, an Bord hatten, auf See angetroffen, so wurden sie eingeschleppt. Dies geschah auch dann noch, nachdem in den nordamerikanischen Häfen eine genaue Untersuchung der einzelnen Ballen mittels Röntgen-X-Strahlen durch die englischen Konsulate eingeführt worden war. Nichts bezeichnet den Erfolg dieses Vorgehens besser, als die Zustände, die auf dem Baumwollmarkte der Vereinigten Staaten entstanden und die schließlich in der „buy a bale of cotton"-Bewegung mündeten, wonach, um die Not der Südstaaten zu lindern, jedermann einen Ballen Baumwolle für 50 Dollar kaufen sollte.

Nicht unerwähnt darf schließlich die Art und Weise bleiben, in welcher die englische Regierung ihre Monopolstellung auf dem Gebiete gewisser Rohstoffe ausnutzte. So erreichte sie z. B. durch die Sperrung der Ausfuhr von Gummi und Wolle in den neutralen Staaten einen solchen Mangel an diesen Rohstoffen, daß man sich dort allen gestellten Bedingungen unterwerfen mußte, wenn man diese Rohstoffe weiter beziehen wollte. Ihre Zwecke erreichte die englische Regierung zuerst auf dem Gummimarkte der Vereinigten Staaten. Als einzige Einfuhrstelle bezeichnete sie in den gestellten Bedingungen den „Rubber Club of America". Wer von diesem Gummi beziehen will, darf keine Verschiffung von Gummi oder Gummiwaren nach anderen Ländern vornehmen, es sei denn, daß sie über England geleitet wird; auch darf er kein Gummi oder irgendwelche Gummiwaren an Personen in den Vereinigten Staaten von Amerika verkaufen, bevor nicht sichergestellt ist, daß diese Person die gleiche Verpflichtung übernimmt. Diese Bedingungen, die sogar den Trust-Gesetzen der Vereinigten Staaten[1]) widersprachen, wurden bereits am 31. Januar 1915 in den Vereinigten Staaten bekanntgegeben.

[1]) Sektion 73 des Gesetzes vom 12. Februar 1913 bestimmt, daß jede Vereinbarung ungesetzlich und nichtig ist:

„When the same is made by or between two or more persons or corporations either of whom as agent or principal is engaged in importing any article from any foreign country into the United States, and where such combination, conspiracy, trust, agreement or contract is intended to operate in restraint of lawful trade or free competition in a lawful trade or commerce."

Die Sherman-Act vom 2. Juli 1890 bestimmt:

„Every contract, combination in form of trust or otherwise, or conspiracy, in restraint of trade or commerce in any Territory of the United States . . . . or with foreign nations is hereby declared illegal. Every person who shall make any such contract or engage in any such combination or conspiracy shall by deemed guilty of a misdemeanour and in conviction thereof, shall be punished by fine not exceeding $ 5000 or by imprisonment not exceeding one year, or by both said punishments in the discretion of the court."

Ähnliche Bedingungen mußten die Wollimporteure und die Importeure verschiedener Metalle, wie Zinn usw., eingehen.

Zusammenfassend ist also festzustellen, daß die Durchführung der Bestimmungen der Order in Council vom 29. Oktober 1914 und das Vorgehen der englischen Seestreitkräfte zur Folge haben mußten, jede Einfuhr nach Deutschland von Übersee auf direktem Wege oder indirektem, durch neutrales Land, zu unterbinden.

---

## 8.

## Englische Minenkriegführung in der Nordsee und englische Kriegsgebietserklärung vom 2. November 1914.

Der neutrale Handel mußte sich aber nicht nur Eingriffe der bisher geschilderten Art gefallen lassen, ihm war außerdem der freie Weg über einen Teil des freien Meeres im Laufe der Monate unterbunden worden.

Am 2. Oktober 1914 veröffentlichte die englische Admiralität die Warnung, daß es notwendig gewesen sei, vor den Ausgang des Kanals nach der Nordsee zu ein großes Minenfeld zu legen. Als Begründung wurde angeführt die deutsche Politik des Minenlegens im Zusammenhang mit der Tätigkeit deutscher U-Boote.

Die in der Begründung angegebenen Tatsachen treffen nur zum Teil zu. Richtig ist, daß die Tätigkeit deutscher U-Boote der englischen Flotte durch die am 22. September 1914 erfolgte Versenkung der Kreuzer Hogue, Aboukir und Cressy schwere Verluste beigebracht hatte. Das war jedoch infolge einer berechtigten Kriegshandlung geschehen, konnte der englischen Regierung mithin keine Veranlassung geben, von ihrem bis vor dem Kriege so scharf verfochtenen Standpunkt abzugehen, nach dem es mit den Grundsätzen des Völkerrechts nicht vereinbar sein soll, auf hoher See Minen zu legen.

Unwahr aber ist der Vorwurf, der in dem Hinweis auf die angebliche deutsche Politik des Minenlegens liegt. Die Unwahrheit dieses Vorwurfes wird in den späteren Ausführungen dargetan werden. Hier sei nur soviel hervorgehoben, daß die deutsche Politik des Minenlegens mit den Grundsätzen der Haager Konvention über die Legung von unterseeischen Kontaktminen in Einklang war. Auch hieraus konnte mithin die englische Regierung keine Veranlassung ableiten, nunmehr trotz ihres gegenteiligen Standpunkts Minen auf hoher See zu legen.

So muß also der wahre Grund für die Auslegung des englischen Minenfeldes auf hoher See ein anderer gewesen sein.

Das Minenfeld war 1365 Quadrat-Seemeilen groß. Es war so angelegt, daß es den Ausgang des Kanals zur Nordsee fast völlig absperrte. Frei blieb nur noch ein schmaler Streifen an der englischen Küste, dessen Befahren aber infolge der Tiefenverhältnisse nur innerhalb der englischen Hoheitsgewässer möglich war.

Aus dieser Anlage des Minenfeldes ergibt sich der Grund zu seiner Auslegung und damit sein Zweck mit überraschender Deutlichkeit. Hatten die Bestimmungen der Orders in Council wohl die rechtliche Handhabe schaffen können, neutrale Schiffe auf See aufsuchen und sie unter Konterbandeverdacht festhalten zu lassen, so blieb doch die Möglichkeit, daß diese Schiffe ihren neutralen Bestimmungsort erreichten, ohne von englischen Seestreitkräften angetroffen zu werden. Diese Möglichkeit zu verringern war offensichtlich der Zweck des Minenfeldes, denn nunmehr mußten alle neutralen durch den Kanal nach Holland oder den skandinavischen Ländern bestimmten Schiffe sich der englischen Küste an einem bestimmten Punkte soweit nähern, daß sie den dort aufgestellten englischen Seestreitkräften nicht mehr entgehen konnten. So war die gesamte, den Weg durch den Kanal nehmende neutrale Schiffahrt — und sie stellte den weitaus größten Teil der neutralen Schiffahrt dar — mit einem Schlage, und ohne die Möglichkeit einer zufälligen Ausnahme, der englischen Kontrolle ausgeliefert.

Es bestand nur noch auf dem Wege nördlich um England herum die Möglichkeit, der englischen Kontrolle zu entgehen. Aber auch dieser Weg wurde bald ganz abgesperrt und die Schiffahrt nach und von den skandinavischen Ländern sowie Holland nur noch auf dem Wege zugelassen, der durch den englischen Kanal und weiter unter der englischen Küste hinführt und der für die nach den skandinavischen Ländern unterwegs befindlichen Schiffe die Nordsee nur auf einer einzigen, ganz bestimmten Fahrtroute überquert.

Diese Absperrung erfolgte am 2. November 1914.

**An diesem Tage erklärte die englische Regierung die gesamte Nordsee zum Kriegsgebiet.** Alle Schiffe, so erklärte die englische Regierung, die versuchen würden, dieses Kriegsgebiet auf anderem als dem von der englischen Admiralität vorgeschriebenen Wege zu durchfahren, sollten dies auf eigene Gefahr tun, sollten schwersten Gefahren ausgesetzt sein durch die in diesem Gebiet geworfenen Minen und durch die Kriegsfahrzeuge, die in diesem Gebiet nach verdächtigen Fahrzeugen wachsam suchen würden.

Nun war jeder Verkehr nach deutschen Häfen durch die Nordsee durch Schaffung schwerster Lebensgefahr unterbunden. Nun mußten alle neutralen Schiffe, wollten sie der Lebensgefahr entgehen, Wege einschlagen, die mit absoluter Sicherheit verhinderten, daß irgend ein Schiff der Kontrolle englischer Seestreitkräfte entging.

Die Folge war, daß nunmehr die Bestimmungen der englischen Order in Council vom 29. Oktober 1914 in vollem Umfange und ohne die Möglichkeit auch nur einer einzigen zufälligen Ausnahme durchgeführt werden konnten. Und wie so die Kontrolle für die die Nordsee befahrende neutrale Schiffahrt lückenlos sichergestellt war, so war dasselbe der Fall gegenüber der das Mittelmeer befahrenden Schiffahrt durch die in Gibraltar eingerichtete Kontrolle.

## 9.

## Resultat der feindlichen Seekriegführung: Deutschland, soweit Einfuhr in Frage kam, blockiert.

Das Resultat aller dieser Maßnahmen war folgender Zustand:

1. Jeder direkte oder indirekte Einfuhrhandel nach Deutschland von Übersee war unterbunden. Insbesondere war die Zufuhr von Lebensmitteln unmöglich gemacht dadurch, daß der Unterschied zwischen absoluter und relativer Konterbande beseitigt worden war. Sogar die Einfuhr von Gütern, die keine Konterbande waren, wurde dadurch verhindert, daß man sie von den sie befördernden Schiffen unter der Begründung, es könnte Konterbande in oder unter ihnen verborgen sein, an Land brachte und sie dort entweder requirierte oder sie unter Berufung auf Ausfuhrverbote festhielt und dadurch ihren Verkauf erzwang.

2. Um überhaupt noch irgendwelche Zufuhren von Übersee erhalten zu können, hatten sich die neutralen Staaten auf das Verlangen Englands hin gezwungen gesehen, Ausfuhrverbote in größtem Umfange zu erlassen. Die englische Regierung verlangte sogar die Einstellung des Handels dieser Länder mit freien Gütern eigener Produktion nach Deutschland mit der Drohung, sonst das neutrale Land wie feindliches Land zu behandeln.

3. In neutralen Ländern, besonders in den Vereinigten Staaten von Amerika wurden ganze Industrien gezwungen, überhaupt jeden Verkehr mit Deutschland abzubrechen. In Holland war außerdem die Gründung einer Organisation erzwungen worden, die den Handel dieses Landes unter die Kontrolle dieser Organisation und damit unter die Kontrolle Englands stellte. Personen und Firmen, die den Bedingungen dieser Organisation nicht folgten, waren vom Seehandel ausgeschlossen, weil alle Sendungen an sie, als feindlicher Bestimmung verdächtig, festgehalten wurden.

4. Der freie Verkehr neutraler Handelsschiffe durch die Nordsee war durch die Kriegsgebietserklärung der Nordsee unmöglich gemacht, weil jedes neutrale Schiff, das die Bestimmungen dieses Erlasses nicht achtete, sich der Gefahr der Vernichtung aussetzte.

Jedes neutrale Schiff wurde hierdurch gezwungen, britische Gewässer anzulaufen, um sich dort nicht nur hinsichtlich seiner Ladung der britischen Kontrolle zu unterwerfen, sondern auch hinsichtlich der auf den Schiffen etwa beförderten Post.

Diese zusammenfassenden Feststellungen zeigen, daß sich Deutschland, und zwar soweit seine Einfuhr in Frage stand, tatsächlich bereits seit Anfang November 1914 im Zustande der Blockade befand. Die englischen Absperrmaßnahmen und im Verein mit ihnen die französischen — denn die Regierung Frankreichs hatte immer alle Maßnahmen Englands auch zu den ihrigen gemacht — hatten also Blockadewirkungen zur Folge, obwohl eine Blockade nicht erklärt war. Das war auch die Ansicht und die Absicht der englischen Regierung, deren Minister Whinston Churchill bereits in einer Rede vom 9. November 1914 in der Londoner Guildhall ganz ausdrücklich von einer bestehenden Blockade Deutschlands mit folgenden Worten sprach:

> „The British people have taken for themselves this motto — „Business carried on as usual during alternations on the map of Europe". They expect the Navy, on which they have lavished so much care and expense, to make that good, and that is what, upon the whole, we are actually achieving at the present time. It is very difficult, to measure the full effects of naval pressure in the early stages of the war. The punishment we receive is clear and definite. The punishment we inflict is very often not seen, and even when seen cannot be measured. The economic stringency resulting **from a naval blockade** requires time, if it is to reach its full effectiveness. **We are only looking at it in the third month.** But wait a bit. Examine it in the sixth month, in the ninth month, in the twelfth month, and you will begin to see results, results, which will be gradually achieved, silently achieved, but which spell the doom of Germany, as surely as the approach of winter strikes the leaves from the trees."

Und kurze Zeit nach dieser Rede bezeichnete auch der englische Ministerpräsident Asquith es in einer Rede im Unterhause vom 16. November 1914 als eine der wichtigsten Aufgaben der englischen Regierung: to withhold from the enemy supplies whether of food or of warlike materials, or other things of which he is urgently in need.

Durch eine gewaltsame Ausdehnung des Konterbandebegriffs, wie sie in der Geschichte des Seekriegsrechts ihresgleichen nicht findet, und durch die Absperrung eines ganzen Meeres suchte die englische Regierung die völlige Unterbindung jeden Einfuhrhandels nach Deutschland zu erreichen. So hatte sie die Notwendigkeit einer Blockade, deren Durchführung, sofern sie nach den Grundsätzen des Völkerrechts gestaltet worden wäre, nicht möglich war, überflüssig gemacht, und sie war, um ihren Zweck, die Aushungerung von Deutschlands Zivilbevölkerung zu erreichen, zu dem Zustande der durch die Pariser Deklaration verbotenen Papierblockade, auch blocus anglais genannt, zurückgekehrt. Deutschland und Deutschlands Bevölkerung gegenüber gab es überall dort, wo Englands Macht hinreichte, kein Recht mehr, sondern nur noch Willkür.

## 10.
## Weitere Eingriffe in den Personenverkehr neutraler Schiffe.

Willkür kam auch gegenüber deutschen Zivilpersonen, wo immer sie auf See angetroffen wurden, zur Anwendung. Bereits im Anfang dieser Ausführungen, sowie in der oben zitierten deutschen Denkschrift vom 10. Oktober 1914 ist mitgeteilt worden, daß englische und französische Seestreitkräfte entgegen den von der englischen Regierung anerkannten Grundsätzen der Londoner Erklärung und des Generalberichts zu derselben deutsche Reservisten von neutralen Schiffen weggenommen hatten. Die deutsche Denkschrift hat auch in diesem Falle keinen Erfolg gehabt.

Wohl auf Grund von Protesten neutraler Regierungen hatten die englischen Seestreitkräfte im Oktober den Befehl erhalten, deutsche Staatsangehörige bis zur Höchstzahl von 50 Personen auf jedem neutralen Schiff durchzulassen. Sobald die englische Presse von diesem Befehl erfuhr, erhob ein großer Teil schärfsten Einspruch. So erklärte z. B. die Morning Post, es sei unverständlich, daß die englische Regierung sich dazu hergäbe, auf diese Weise dem Gegner Vorschub zu leisten. „Die rechtliche Seite der Frage interessiere das Publikum nicht im geringsten“. Vergeblich wandte sich gegen diese Auffassung das der damaligen Regierung nahestehende Blatt Westminster Gazette. Die Leute, so führte sie aus, die jetzt die Regierung so heftig angriffen, vergäßen, daß ihre Wünsche in die Interessen der neutralen Mächte eingriffen und daß England früher selbst stets die Freiheiten und Rechte der Neutralen, die man jetzt mißachten wolle, vertreten habe.

„Wenn die britische Regierung gezwungen ist, gewisse Schranken, die das Gesetz und die Höflichkeit ziehen, zu beobachten, so geschieht dies nicht aus Rücksicht auf den Feind, sondern lediglich, um den englischen Namen **fleckenrein** zu halten.“

Trotz dieser Ausführungen des Regierungsblattes wurde aber der Befehl bereits am 1. November 1914 von der englischen Regierung widerrufen. Deutsche, die sich im Vertrauen auf den Befehl eingeschifft hatten, wurden von den neutralen Schiffen fortgenommen und gefangen gesetzt. Ja, bald ging man sogar noch weiter, indem man von neutralen Schiffen auch solche Deutsche wegnahm, die auf der Ausreise waren, von denen man also nicht einmal behaupten konnte, sie hätten ihre Reise unternommen, um in Deutschland Kriegsdienste zu tun. So boten weder Grundsätze des Völkerrechts, noch das von der englischen Regierung in Form Gesetzes verkündete Recht, noch ausdrücklich gegebene Zusicherungen deutschen Staatsangehörigen Schutz vor Gefangennahme.

## 11.

## Deutsche Seekriegführung bis zum 4. Februar 1915.

War also die englische und französische Seekriegführung von Anfang des Krieges an bestrebt, mit völkerrechtswidrigen Mitteln das deutsche Volk, Deutschlands Frauen, Kranke, Greise und Kinder auszuhungern, so bietet auf der anderen Seite die deutsche Seekriegführung in den ersten 5 Monaten des Krieges ein wesentlich anderes Bild dar.

Die deutsche Regierung hat, wie vor allen Dingen hervorgehoben werden muß, bis Ende Januar 1915 an der von ihr bei Ausbruch des Krieges verkündeten Prisenordnung und damit an der Londoner Erklärung festgehalten, abgesehen von wenigen Zusätzen, die der Liste der relativen Konterbande hinzugefügt worden waren. Sie hat dies getan, obgleich sie bereits in der schon erwähnten Denkschrift vom 10. Oktober 1914, in der die bis dahin begangenen offenkundigen Verletzungen des Seekriegsrechts durch England zusammengestellt waren, die neutralen Mächte darauf aufmerksam gemacht hatte, daß sie sich die Frage vorlegen müsse, ob sie an der Prisenordnung **noch länger** werde festhalten können, wenn die feindlichen Mächte das von ihnen eingeschlagene Verfahren fortsetzten und die neutralen Mächte sich solche Neutralitätsverletzungen zu ungunsten deutscher Interessen fernerhin gefallen lassen sollten.

Aber nicht nur das Recht, das für deutsche Seestreitkräfte galt, war in Übereinstimmung mit den Grundsätzen des Völkerrechts und denen der Londoner Deklaration; auch die Praxis der Handelskriegführung hielt sich aufs strengste an diese Grundsätze. Das zu betonen ist deshalb notwendig, weil einerseits die englische Praxis sich, wie vorher dargelegt, nicht an die Orders in Council oder das Völkerrecht hielt, und weil andererseits die englische Regierung in ihren Veröffentlichungen immer wieder behauptete, daß deutsche Seestreitkräfte bei ihrer Handelskriegführung die Grundsätze des Völkerrechts außer Acht ließen.

In Wirklichkeit kann ein solcher Vorwurf nicht zu Recht erhoben werden. Es braucht nur die Erinnerung an die ritterliche Kriegführung der deutschen Kreuzer, insbesondere der Kreuzer „Emden“ und „Karlsruhe“ wachgerufen zu werden. In maßvollster Weise gingen sie gegen den feindlichen Handel vor. In vielen Fällen ließen sie feindliche Handelsschiffe frei passieren, so z. B. wenn unter den Passagieren Kinder und Frauen waren. Sie haben selbst dann feindliche Schiffe freigelassen, wenn diese vom Ausbruch der Feindseligkeiten keine Kenntnis hatten, obwohl Deutschland zum Artikel 3 des VI. Haager Abkommens vom 18. Oktober 1907, der die Schonung solcher Schiffe zum Gegenstand hatte, einen Vorbehalt erklärt hatte. In den Handel neutraler Schiffe haben sie nur in wenigen Ausnahmefällen eingegriffen. So haben sie bis zum 1. Februar 1915 nur zwei neutrale Schiffe aufgebracht und versenkt, und zwar am 21. September 1914 den holländischen Dampfer „Maria“ und am 28. Januar 1915 den amerikanischen Segler „William P. Frye", während in allen anderen Fällen die angetroffenen neutralen Schiffe durchgelassen worden sind. Die englische Regierung hat auf Grund des Falles „Maria" und unter Zuhilfenahme der Behauptung, die deutsche Regierung habe durch öffentliche Bekanntmachung praktisch jeden Hafen der englischen Ostküste als befestigten Platz oder Versorgungsbasis erklärt, den Eindruck zu erwecken versucht, als ob die deutsche Regierung durch eine unzulässige Ausdehnung des Begriffs des befestigten Platzes und der Versorgungsbasis von Anfang an die Absicht verfolgt habe, in die Versorgung Englands einzugreifen. Abgesehen davon, daß von der deutschen Regierung niemals eine öffentliche Bekanntmachung der vorerwähnten Art ausgegangen ist, haben die deutschen Seestreitkräfte den Befehl gehabt, außer den ihnen namhaft gemachten befestigten Plätzen als Versorgungsbasen nur anzusehen die Plätze: 1. London, 2. Southampton, 3. Barrow in Furness, 4. Glasgow, 5. Scapa Flow, 6. Cromarty, 7. Newcastle, 8. Yarrow, 9. Hull, 10. Grimsby, 11. Belfast. Gerade nach dem letzten Platz, Belfast, war der Dampfer „Maria" unterwegs, während der Segler „William P. Frye" nach Queenstown, Falmouth oder Plymouth für Order unterwegs war, Plätzen also, bei denen nicht zweifelhaft sein kann, daß sie befestigte Plätze im Sinne der Londoner Erklärung sind. Das Vorgehen der Kreuzerkommandanten war mithin völlig gerechtfertigt.

Wenn im übrigen die Liste der englischen Häfen, die als Versorgungsbasen angesehen wurden, in der zweiten Hälfte des November, also nach der englischen Kriegsgebietserklärung, eine gewisse, im Vergleich zur großen Anzahl der englischen Häfen, mäßige Erweiterung[1]) erfahren hat, so kann dieses Vorgehen doch nicht im entferntesten mit der bereits in der Order in Council vom 20. August 1914 getroffenen Anordnung verglichen werden, nach welcher jede für eine deutsche Zivilperson bestimmte Ladung die Vermutung feindlicher Bestimmung gegen sich hatte, und zwar gleichgültig nach welchem Hafen die Ladung unterwegs war.

Wie weit im übrigen die deutsche Seekriegführung gerade davon entfernt war, in die Lebensmittelzufuhr für Englands Bevölkerung einzugreifen, zeigt auch mit aller Deutlichkeit die Tatsache, daß Deutschland sogar die Lebensmittelausfuhr aus Dänemark nach England, die für letzteres Land von größter Wichtigkeit war und die zu unterbinden leicht gewesen wäre, vom ersten Tage des Krieges an frei und unbehindert nach **allen** englischen Häfen ohne Unterschied vor sich gehen ließ.

---

[1]) Im Gegensatz hierzu betrachtete die englische Regierung alle deutschen Häfen als Operations- oder Verpflegungsbasen. Das ergibt sich aus folgendem: In der Verhandlung in der Prisensache „Kim" im August 1915 fragte der Prisenrichter den Sollicitor-General, Sir Frederik K. Smith, ob Konterbande auch dann nach seiner Meinung beschlagnahmbar wäre, wenn sie nach einem deutschen Hafen unterwegs wäre, der weder als Operations- noch als Verpflegungsbasis anzusehen sei. Die Antwort war: There are no such ports; the case could not arise. (Lloyds Price Cases, Vol. III, S. 284.)

Und ebenso wie in diese Zufuhr von Lebensmitteln nicht eingegriffen worden ist, ist die deutsche Regierung den feindlichen Regierungen auch nicht darin gefolgt, in die Ausfuhrpolitik der neutralen Regierungen einzugreifen. Selbstverständlich enthielt sich die deutsche Seekriegführung in Übereinstimmung mit den Grundsätzen der Londoner Erklärung auch jeden Eingriffs in die Post neutraler Schiffe und in deren Passagierverkehr.

Nun sind aber der deutschen Seekriegführung dieser ersten Monate des Krieges andere, schwere Vorwürfe von englischer Seite gemacht worden.

In der englischen Presse, und insbesondere in der Begründung der englischen Kriegsgebietserklärung vom 2. November 1914 ist angeführt worden, daß von deutscher Seite auf hoher See rücksichtslos Minen geworfen, daß dies nicht nur durch Kriegsschiffe, sondern auch durch Lazarettschiffe oder durch Schiffe unter neutraler Flagge geschehen sei, und daß es zu den gewöhnlichen Maßnahmen deutscher Kriegführung gehörte, Spionage mittels Lazarettschiffen, Fischerfahrzeugen und neutralen Fahrzeugen zu treiben.

Aber auch diese Begründung ist ebenso wie die Begründung der Orders in Council, die die Abschneidung der Lebensmittelzufuhr nach Deutschland rechtfertigen sollten, in Widerspruch mit den Tatsachen. Bis zum 2. November 1914 waren von deutscher Seite nur 5 Minensperren in der Nähe der englischen Küste geworfen worden. Hinzu kommen noch 2 Minensperren, die in der Nähe von Helgoland zur Verteidigung ausgelegt waren. Sämtliche Minensperren bestanden aus verankerten Minen, die ausschließlich von deutschen Kriegsschiffen gelegt worden sind. Das gilt auch für das Minenfeld an der Nordküste Irlands, in das später das englische Linienschiff „Audacious" geriet und sank. Dies Minenfeld ist, wenn dies auch die englische Admiralität nicht für möglich gehalten hat, von einem deutschen Kriegsschiff, und zwar von dem Hilfskreuzer „Berlin", gelegt worden. Treibminen waren ebenfalls nicht ausgelegt worden. Die Minensperren an der englischen Küste lagen in unmittelbarer Nähe der Küste, ausgenommen die am 5. August 1914 von dem Hilfskriegsschiff „Königin Luise" vor der Themse geworfenen Minen. Auch diese Minen waren verankerte Minen, die nicht mehr wie 30 Meilen von der englischen Küste entfernt lagen und ihre Lage in dieser Entfernung von der Küste ist nur darauf zurückzuführen, daß „Königin Luise" gezwungen war, diese Minen zu ihrer eigenen Verteidigung gegen angetroffene und Jagd auf sie machende englische Kriegsschiffe zu werfen.

Es ist also eine völlige Unmöglichkeit, daß Minensperren auf hoher See gefunden worden sein sollen.

Falls deutsche Minen auf See wirklich angetroffen worden sein sollten, so kann es sich nur um solche gehandelt haben, die von ihrer Verankerung losgerissen waren; aber auch diese Wahrscheinlichkeit ist äußerst gering, weil die deutschen Minen mit aller Sorgfalt verankert worden waren. Das beweist auch die Tatsache, daß zwar bereits bis Ende November 1914 in Holland, wie halbamtlich dort bekanntgegeben wurde, ungefähr 100 Minen angeschwemmt worden waren, daß diese aber sämtlich englische Minen waren, und daß sich darunter keine einzige deutsche Mine befunden hatte.

Ebensowenig den Tatsachen entsprechend ist die Behauptung, die deutsche Seekriegführung habe sich neutraler Schiffe zu Spionagezwecken bedient. Das ist weder in der ersten Kriegszeit noch später jemals geschehen. Die britische Admiralität ist daher auch nicht in der Lage gewesen, nur einen einzigen solchen Fall nachzuweisen. Wohl hat sich dagegen die britische Admiralität dieses Mittels bedient, wie die von ihr öffentlich ausgesetzten Belohnungen zur Genüge beweisen.

Und endlich ist auch die Behauptung, Deutschlands Kriegführung habe sich deutscher Lazarettschiffe zum Minenlegen und zu Spionagezwecken bedient, unrichtig. Die Behauptung konnte sich nur auf die am 18. Oktober 1914 durch englische Seestreitkräfte erfolgte Aufbringung des Hilfslazarettschiffes „Ophelia" beziehen, denn dieses war das einzige deutsche Lazarettschiff, das sich jemals außerhalb der deutschen Bucht befunden hat.

„Ophelia" befand sich auf der Fahrt nach dem Schauplatz der Kämpfe, die am 17. Oktober zwischen deutschen Torpedobooten und englischen Seestreitkräften stattgefunden hatten, und in denen die Torpedoboote gesunken waren. Durch die Aufbringung dieses Lazarettschiffes ist die Rettung vieler Menschenleben vom Tode des Ertrinkens verhindert worden. Diese Rettung wäre möglich gewesen, wenn man dem Schiffe, in Übereinstimmung mit dem Art. 4 des X. Haager Abkommens vom 18. Oktober 1907 über die Anwendung der Grundsätze des Genfer Abkommens auf den Seekrieg, einen Kommissar an Bord gegeben hätte, anstatt das Schiff sofort seiner Aufgabe durch Einbringung in einen Hafen zu entziehen.

Die Aufbringung selbst hat die englische Admiralität wie folgt begründet:

> „Das deutsche Schiff „Ophelia", das die Rote-Kreuz-Flagge führte, ist festgehalten worden, **weil sein Name der britischen Regierung als Lazarettschiff nicht bekanntgegeben worden war,** und weil es, als es angetroffen wurde, in einer Art und Weise auftrat, die mit den Pflichten eines Lazarettschiffes nicht übereinstimmte."

Der erste Grund zur Aufbringung war also die Tatsache, daß der Name des Schiffes nicht bekanntgegeben gewesen sei. In Wirklichkeit war der Name der englischen Regierung aber bereits am 7. September 1914 durch die Regierung der Vereinigten Staaten mitgeteilt worden, wie wenigstens der deutschen Regierung amerikanischerseits notifiziert worden war. Später hat zwar die amerikanische Regierung erklärt, die Mitteilung bei der englischen Regierung sei versehentlich unterblieben. Da aber das zweitinstanzliche Urteil des Privy Council ausdrücklich hervorhebt, der Name der „Ophelia" sei „duly communicated to the belligerent Powers", so zeigt sich, daß die erste Mitteilung der englischen Regierung vom 4. November 1914 nicht den Tatsachen entsprochen haben kann.

Der zweite Grund aber, angebliches pflichtwidriges Verhalten im Moment der Aufbringung, ist in beiden Prisengerichtsinstanzen völlig unbewiesen geblieben. Um gleichwohl zur Kondemnierung zu gelangen, wurden verschiedene Tatsachen und spätere Vorgänge als verdächtig hingestellt, sowie die Eigenschaft der „Ophelia" als Lazarettschiff bestritten. Die deutsche Regierung hat nach dem erstinstanzlichen Urteil die völlige Haltlosigkeit der Verdachtsmomente in einer ausführlichen Denkschrift dargetan. Der Privy Council hat diese Denkschrift als Beweismittel aber überhaupt nicht zugelassen. Nur so kam man zur Kondemnation.

Somit war die Begründung, die der Kriegsgebietserklärung vom 2. November 1914 gegeben war, nachweisbar in Widerspruch mit den Tatsachen. Außerdem konnten Tatsachen der in der Begründung und auch in der englischen Presse jener Zeit behaupteten Art der englischen Admiralität gar nicht bekannt sein, weil es solche Tatsachen nicht gab. Wenn also trotzdem solche Tatsachen als erwiesen hingestellt wurden, so ergibt sich die Schlußfolgerung von selbst. Man glaubte wohl, Maßnahmen, wie sie die Kriegsgebietserklärung und das Auslegen des großen Minenfeldes in der freien See am Ausgang des Kanals waren, nur als Repressalienmaßnahmen gegen Völkerrechtswidrigkeiten der deutschen Seekriegführung rechtfertigen zu können, — und so wurden sie behauptet! Diese Völkerrechtswidrigkeiten gab es aber nicht, wie nichts besser beweist, als daß bis zur Verhängung der Nordseesperre von seiten der neutralen Regierungen zwar immer erneute Proteste gegen die englische Seekriegführung gerichtet worden waren, keiner oder kein wesentlicher dagegen gegen Deutschlands Seekriegführung.

# II.
# Zeitabschnitt vom 4. Februar 1915 bis Ende April 1916.

## 1.
## Deutsche Kriegsgebietserklärung vom 4. Februar 1915.

Alle Proteste der Neutralen hatten aber bei der englischen Regierung keinen Erfolg. Selbst der Protest der Regierung der Vereinigten Staaten vom 26. Dezember 1914 wurde am 7. Januar 1915 zurückgewiesen. Damit war die feste Absicht der englischen Regierung kundgetan, bei der bisherigen Seekriegführung zu verbleiben.

Konnte nun Deutschland angesichts dieser Tatsachen bei seiner eigenen Seekriegführung verbleiben? Durfte es dulden, daß die von England verhängte Sperre stärker und stärker wirksam wurde? Geschah das, gelang es Deutschland nicht, die Sperre zu brechen, so war das Ende mit Bestimmtheit vorauszusehen. Deutschland zehrte von seinen eigenen geringen Vorräten. Deutschland war schon im Frieden auf die Einfuhr von Lebensmitteln aus dem Auslande angewiesen. Nachdem diese nunmehr abgeschnitten waren und Ostpreußen, die Kornkammer Deutschlands, durch den Einfall der Russen verwüstet worden war und damit für die Versorgung ausfiel, konnte **eine** schlechte Ernte den Zusammenbruch der deutschen Ernährung und damit die schlimmste Hungersnot bedeuten. Deutschland war, wie es in einer Unterredung im Winter 1914/15 der englische Minister Churchill in furchtbarer Brutalität ausgeführt hatte, in der Lage eines starken Mannes, dem man einen Knebel in den Mund gepreßt hatte und den man gleichzeitig zwang, aufs angestrengteste zu arbeiten. So war Deutschland vor die Wahl gestellt, ob es, wie seinerzeit die Buren mit seinen Frauen und Kindern in absehbarer Zeit den Hungertod erleiden, oder ob es sich den Bedingungen seiner Gegner unterwerfen wollte. Deutschland kämpfte um seine Existenz, die durch Anwendung völkerrechtswidriger Mittel bedroht war.

Unter diesen Umständen blieb nur ein Mittel übrig. Das war: Die Abkehr von der bisherigen deutschen Seekriegführung und die Aufnahme derselben Art der Kriegführung, wie sie England bereits seit 5 Monaten zur Anwendung brachte. Das hieß, daß Deutschland gegen England ebenfalls eine Sperre verhängen, daß man den Hungerkrieg mit dem Hungerkrieg beantworten mußte. Deshalb erklärte die deutsche Regierung am 4. Februar 1915 das Seegebiet um England als Kriegsgebiet.

## 2.
## Rechtfertigung der deutschen Kriegsgebietserklärung als Vergeltungsmaßnahme.

Die deutsche Kriegsgebietserklärung vom 4. Februar 1915 ist in der Note vom gleichen Tage, mit welcher sie den neutralen Regierungen bekanntgegeben wurde, ausdrücklich als Vergeltungsmaßnahme unter Berufung auf die Notlage begründet worden, in der sich Deutschland infolge der völkerrechtswidrigen Absperrmaßnahmen Englands und seiner Verbündeten befand.

Vergeltung[1]) oder Repressalie ist ein Zwangsmittel eines Staates gegen einen anderen Staat, der durch begangenes Unrecht den ersteren Staat verletzt hat und nicht zu bewegen ist, von seinem Unrecht abzulassen. Die Unrechtshandlung muß unzweifelhaft feststehen. Die Vergeltungshandlung ist jedoch nicht auf die Anwendung derselben Mittel beschränkt, die derjenige, gegen den sie sich richtet, bei Begehung seines Unrechts gebraucht. Wohl aber ist ihre Voraussetzung die, daß sie sich nur gegen den Rechtsbrecher richtet, und daß sie nicht den Nebenzweck verfolgt, auch unbeteiligte Staaten und deren Angehörige zu treffen. Mit dieser Einschränkung ist eine Vergeltungshandlung nach allgemeinem völkerrechtlichen Brauch unbestreitbar gerechtfertigt.

Im See-Handelskriege wird aber eine Vergeltungshandlung immer Rechte neutraler Staaten mit berühren. Würde das jedoch die Vergeltungshandlung zu einer unrechtmäßigen machen, so wäre der von dem Unrecht betroffene Staat jeder Möglichkeit beraubt, das Unrecht von sich abzuwehren. Das aber würde auch den Interessen aller an der Völkerrechtsgemeinschaft beteiligten Staaten widersprechen. Sie müssen daher den allgemeinen Interessen ein Opfer bringen. Sie können jedoch verlangen, daß ihre Einzelinteressen nicht unnötig in Mitleidenschaft gezogen werden. Wenn und soweit diese Einzelinteressen aber die Erreichung des Zweckes der gegen den Rechtsbrecher gerichteten Vergeltungshandlung illusorisch machen würden, müssen sie zurücktreten[2]). In diesem Fall können die neutralen

---

[1]) Vgl. Instructions for the Government of Armies of the United States in the Field, General Orders, No. 100, April 24, 1863.

„27. The law of war can no more wholly dispense with retaliation than can the law of nations, of which it is a branch. Yet civilized nations acknowledge retaliation as the sternest feature of war. A reckless enemy often leaves to his opponent no other means of securing himself against the repetition of barbarous outrage.

28. Retaliation will therefore never be resorted to as a measure of mere revenge, but only as a means of protective retribution, and moreover cautiously and unavoidably — that is to say, retaliation shall only be resorted to after careful inquiry into the real occurrence and the character of the misdeeds that may demand retribution."

[2]) 1. Vgl. Note der englischen Regierung vom 24. April 1916. „38. The more abstract question of the legitimacy of measures of retaliation adopted by one belligerent against his opponent, but affecting neutrals also, is one of which His Majesty's Government think the discussion might well be deferred. It is a subject

Staaten nur verlangen, daß ihnen und ihren Angehörigen genügende Gelegenheit gegeben wird, vor dem Beginn der Vergeltungshandlung Vorkehrungen zu treffen, die ihre Interessen sichern.

Die deutsche Kriegsgebietserklärung steht mit diesen Forderungen in vollem Einklang. Sie war nur gegen feindliche Schiffe gerichtet, und sie gab den Neutralen durch eine 14 tägige Warnungsfrist aus-

of considerable difficulty and complexity, but His Majesty's Government are surprised to notice that the Government of the States seem to regard all such measures of retaliation in war as illegal if they should incidentally inflict injury upon neutrals. The advantage which any such principle would give to the determined law-breaker would be so great that His Majesty's Government cannot conceive that it would commend itself to the conscience of mankind. To take a simple instance, suppose that one belligerent scatters mines on the trade routes so as to impede or destroy the commerce of his enemy — an action which is illegitimate and calculated to inflict injury upon neutrals as well as upon the other belligerents — what is that belligerent to do? Is he precluded from meeting in any way this lawless attack upon him by his enemy? His Majesty's Government cannot think that he is not entitled by way of retaliation to scatter mines in his turn, even though in so doing he also interferes with neutral rights. Or take an even more extreme case, suppose that a neutral failed to prevent his territory being made use of by one of the belligerents for warlike purposes, could he object to the other belligerent acting in the same way? It would seem that the true view must be that each belligerent is entitled to insist on being allowed to meet his enemy on terms of equal liberty of action. If one of them is allowed to make an attack upon the other regardless of neutral rights, his opponent must be allowed similar latitude in prosecuting the struggle, nor should he in that case be limited to the adoption of measures precisely identical with those of his opponent."

2. Vergl. auch „Times" vom 17. Dezember 1918 Urteil des Privy Council im Falle „Stigstad".

„. . . If the statements on the Zamora case be correct, the recitals in the Order in Council sufficiently establish the existence of such breaches of law on the part of the German Government as justify retaliatory measures on the part of his Majety and, if so, the only question open to the neutral claimant for the purpose of invalidating the Order is whether it subjects neutrals to more inconvenience or prejudice than is reasonably necessary under the circumstances. . . . . In considering whether more inconvenience is inflicted upon neutrals than the circumstances involve, the frequency and the enormity of the original wrongs are alike material, for the more gross and universal those wrongs are, the more are all nations concerned in their repression, and bound for their part to submit to such sacrifices as that repression involves . . . Neutrals whose principles or policy lead them to refrain from punitory or repressive action of their own may well be called on to bear a passive part in the necessary suppression of courses which are fatal to the freedom of all who use the seas."

Unrichtig ist die in diesem Urteil zum Ausdruck kommende Ansicht, daß der Neutrale gegen den Rechtsbrecher ebenfalls aktiv vorgehen müsse, und daß, wenn er dies nicht tue, er deshalb die durch die Vergeltungshandlung hervorgerufene Verkürzung seiner Rechte hinnehmen müsse, und zwar als Strafe. Diese Ansicht verwechselt die Pflichten, die für den Neutralen aus einer Vergeltungshandlung des einen Kriegführenden gegen den andern Kriegführenden folgen, mit den Pflichten, welche die Neutralität dem neutralen Staat auferlegt. Erstere Pflichten sind unabhängig von der Stellungnahme, die der neutrale Staat gegen den Rechtsbruch eingenommen hat. Hat der neutrale Staat jedoch gegen den auch seine Rechte verletzenden Rechtsbruch nichts unternommen, so gebietet die ihm aus der Neutralität folgende Pflicht zu unbedingter Unparteilichkeit, auch die Vergeltungshandlung zu dulden, ohne Rücksicht darauf, wie durch diese seine Rechte berührt werden, wobei nicht unerwähnt bleiben darf, daß bereits eine Neutralitätsverletzung in der Duldung des Rechtsbruches, der auch Rechte des Neutralen verletzt, liegen kann.

reichende Gelegenheit — die Warnungsfrist der englischen Kriegsgebietserklärung hatte nur 2 Tage betragen — ihre auf feindlichen Schiffen betroffenen Interessen zu sichern. Daß sie als Vergeltungshandlung berechtigt war, weil sie sich gegen fortgesetzten Rechtsbruch wandte, kann ebensowenig bezweifelt werden, wie die Tatsache, daß dieser Rechtsbruch in die Rechte der Neutralen tief eingegriffen hatte. Schon aus diesen Gründen war es nicht möglich, eine Vergeltungshandlung zu treffen, ohne die Rechte Neutraler ebenfalls zu berühren. Hinzu kommt aber noch die Notlage, in der sich das deutsche Volk infolge der völkerrechtswidrigen Sperrung seiner Zufuhr durch die Gegner befand, und die bei Fortdauer der Absperrung immer größer werden mußte. Ist, um eine Vergeltungshandlung zu einer berechtigten zu machen, eine Notlage auch nicht erforderlich, so vermag sie die Vergeltungshandlung doch erheblich zu beeinflussen. Denn die Notlage und das Recht zur Selbsterhaltung rechtfertigen an sich schon Eingriffe in die Rechte Neutraler. Wird die Notlage aber gar durch völkerrechtswidrige und gleichzeitig die Rechte Neutraler verletzende Handlungen des Gegners herbeigeführt, oder die nationale Sicherheit und Existenz durch solche Mittel bedroht, so dürfen die erforderlichen Abwehrmaßnahmen angewandt werden ohne Rücksicht darauf, ob neutrale Rechte mit berührt werden[1]).

So war die Kriegsgebietserklärung als Vergeltungshandlung vollauf gerechtfertigt. Sie war aber auch gerechtfertigt, weil sie lediglich dem Beispiel Englands vom 2. November 1914 folgte, und weil sie sich von der an diesem Tage erlassenen englischen Kriegsgebietserklärung in nichts als im Wortlaut unterschied.

## 3.

## Grundsätzliche Übereinstimmung zwischen englischer und deutscher Kriegsgebietserklärung.

Die deutsche Erklärung[2]) machte bekannt, daß in dem deutschen Kriegsgebiet angetroffene feindliche Handelsschiffe zerstört werden

---

[1]) Vergl. Note der Regierung der Vereinigten Staaten an die englische Regierung vom 26. Dezember 1914.

„The commerce between countries which are not belligerents should not be interfered with by those at war unless such interference is manifestly an imperative necessity to protect their national safety, and then only to the extent that it is a necessity. It is with no lack of appreciation of the momentous nature of the present struggle in which Great Britain is engaged and with no selfish desire to gain undue commercial advantage that this Government is reluctantly forced to the conclusion that the present policy of His Majesty's Government toward neutral ships and cargoes exceeds the manifest necessity of a belligerent and constitutes restrictions upon the rights of American citizens on the high seas which are not justified by the rules of international law or required under the principle of self-preservation."

[2]) 1. Die Gewässer rings um Großbritannien und Irland einschließlich des gesamten englischen Kanals werden hiermit als Kriegsgebiet erklärt. Vom 18. Februar 1915 an wird jedes in diesem Kriegsgebiet angetroffene feindliche Kauffahrteischiff

würden; sie warnte neutrale Handelsschiffe davor, sich durch Befahren dieses Kriegsgebiets unbeabsichtigten Gefahren auszusetzen.

England hatte dagegen am 2. November 1914[1]) erklärt, daß die neuen Bedingungen, unter denen der Krieg geführt werde, die Anwendung außergewöhnlicher Maßnahmen erforderten. Deswegen sei die gesamte Nordsee als Kriegsgebiet zu betrachten, innerhalb dessen jegliche Handelsschiffahrt einschließlich der Fischerei schwersten Gefahren ausgesetzt sein solle. Diese Gefahren sollten nicht nur von Minen, sondern auch von Kriegsschiffen drohen. Jedes Schiff, das die nördliche Grenzlinie des Kriegsgebietes nach dem 5. November überschreite, soll dies auf eigene Gefahr tun. Abweichungen, auch nur um einige Meilen von der von der englischen Admiralität vorgeschriebenen Fahrtroute, würden die schlimmsten Folgen haben! Soweit der Hauptinhalt der englischen Kriegsgebietserklärung.

Die Gefahren, die durch Minen drohen, sind bekannt. Minen konnten aber in dem nördlichen Teil der gesperrten Nordsee nach dem damaligen Stande der Technik gar nicht ausgelegt werden. Um so bedeutsamer wird die Frage, welches die angekündigten schwersten Gefahren sein konnten, die von den zur Durchführung der Sperre verwandten Kriegsschiffen drohen sollten.

Von Kriegsschiffen konnte Handelsschiffen nach allgemeinem Völkerrecht nur die Gefahr der Anhaltung, Untersuchung und der Einbringung in einen englischen Hafen drohen. War diese Gefahr gemeint? Das ist unmöglich, denn eine solche Gefahr brauchte nicht erst durch außerordentliche Maßnahmen geschaffen zu werden, sie

---

zerstört werden, ohne daß es immer möglich sein wird, die dabei der Besatzung und den Passagieren drohenden Gefahren abzuwenden.

2. Auch neutrale Schiffe laufen im Kriegsgebiet Gefahr, da es angesichts des von der britischen Regierung am 31. Januar angeordneten Mißbrauchs neutraler Flaggen und der Zufälligkeiten des Seekriegs nicht immer vermieden werden kann, daß die auf feindliche Schiffe berechneten Angriffe auch neutrale Schiffe treffen.

3. Die Schiffahrt nördlich um die Shetlands-Inseln, in dem östlichen Gebiet der Nordsee und in einem Streifen von mindestens 30 Seemeilen Breite entlang der niederländischen Küste ist nicht gefährdet.

Berlin, den 4. Februar 1915.

[1]) „During the last week the Germans have scattered mines indiscriminately in the open sea on the main trade route from America to Liverpool via the North of Ireland. Peaceful merchant ships have already been blown up with loss of life by this agency. The White Star liner Olympic escaped disaster by pure good luck. But for the warnings given by British cruisers, other British and neutral merchant and passenger vessels would have been destroyed. These mines cannot have been laid by any German ship of war. They have been laid by some merchant vessel flying a neutral flag which has come along the trade route as if for the purposes of peaceful commerce and, while profiting to the full by the immunity enjoyed by neutral merchant ships, has wantonly and recklessly endangered the lives of all who travel on the sea, regardless of whether they are friend or foe, civilian or military in character.

Minelaying under a neutral flag and reconnaissance conducted by trawlers, hospital ships, and neutral vessels are the ordinary features of German naval warfare. In these circumstances, having regard to the great interests entrusted to the bestand auch, ohne daß es der Schaffung eines Kriegsgebietes bedurft hätte, sie war keine Gefahr, die „schlimmste Konsequenzen" nach sich ziehen konnte. Nein, **die angekündigte Gefahr** konnte nur eine neue sein; sie **war die, daß alle Schiffe innerhalb des Kriegsgebietes der sofortigen warnungslosen Vernichtung durch englische Kriegsschiffe ausgesetzt sein sollten.**

Daß nur dies der Sinn der Kriegsgebietserklärung sein kann, ergibt sich auch aus ihrer Begründung. Diese verweist darauf, daß ein an der Nordküste Irlands angetroffenes Minenfeld nur von Schiffen habe gelegt werden können, die unter dem Schutze neutraler Flaggen auf den gewöhnlichen Handelswegen fahrend, die volle Immunität neutraler Schiffe genossen hätten. Nun sperrte man die gewöhnlichen Handelswege bis auf eine willkürlich festgesetzte Route und erklärte, außerhalb dieser Route drohten schwerste Gefahren von Minen **und** Kriegsschiffen, ja jede Abweichung von auch nur wenigen Meilen von der Route könne schlimmste Konsequenzen nach sich ziehen. Das kann nichts anderes bedeuten, als daß man sich außerhalb dieser Reiseroute in dem gesamten gesperrten Gebiet freie Hand verschaffen wollte, um nicht mehr durch die Sicherheit, welche die neutrale Flagge auf See verleiht, behindert zu sein.

Man blättere die englische Presse, über deren Informationsquelle gerade in Marinesachen ein Zweifel nicht besteht, jener Tage durch, und man findet die Bestätigung dafür, daß nur dies der Sinn der Kriegsgebietserklärung war. So schrieb der Marinemitarbeiter der Times am 3. November 1914:

„The document issued by the Secretary of the Admiralty last

---

British Navy, to the safety of peaceful commerce on the high seas, and to the maintenance, within the limits of International Law of trade between neutral countries, the Admiralty feel it necessary to adopt exceptional measures appropriate to the novel conditions under which this war is being waged.

They therefore give notice that the whole of the North Sea must be considered a military area. Within this area merchant shipping of all kinds, traders of all countries, fishing craft, and all other vessels will be exposed to the gravest dangers from mines which it has been necessary to lay, and from warships searching vigilantly by night and day for suspicious craft. All merchant and fishing vessels of every description are hereby warned of the dangers they encounter by entering this area except in strict accordance with Admiralty directions. Every effort will be made to convey this warning to neutral countries and to vessels on the sea, but from the 5th of November onwards the Admiralty announce that all ships passing a line drawn from the northern point of the Hebrides through the Faroe Islands to Iceland do so at their own peril.

Ships of all countries wishing to trade to and from Norway, the Baltic, Denmark, and Holland are advised to come, if inward bound, by the English Channel and the Straits of Dover. There they will be given sailing directions which will pass them safely, so far as Great Britain is concerned, up the East Coast of England to Faroe Islands, whence a safe route will, if possible, be given to Lindesnaes Lighthouse. From this point they should turn north or south according to their destination, keeping as near the coast as possible. The converse applies to vessels outward bound. By strict adherence to these routes the commerce of all countries will be able to reach its destination in safety, so far as Great Britain is concerned, but any straying, even for a few miles from the course thus indicated, may be followed by fatal consequences."

night indicates that the Government have at last decided to treat the North Sea as **a military area** and **to adopt measures of a much more drastic description then those hitherto taken.** It has been suggested that the North Sea should be entirely closed to traffic. The naval Authorities are not going as far as this. But they have defined an **area in which it will hereafter be dangerous to navigate, owing** partly to the mines which it has been necessary to lay **and** partly **to the chance of being mistaken for an enemy. In fact, to be found in this area will in itself be so suspicious that no peaceful trader should be willing to incur it.** The area which is thus marked dangerous extends over a very large portion of the North Sea and the restrictions which have now been put in force will have the effect of making it inexpedient, if not **impossible,** for **any merchant ship to attempt to enter or leave the North Sea by the passage between the Shetlands and Norway.** It is clearly stated, that ships passing a line drawn from the northern port of the Hebrides through the Faroe Islands to Iceland **do so at their own peril.**“

Und in den Times vom 25. November 1914 erklärte derselbe Mitarbeiter:

„The value of the new regulations restricting the movements of trade in the North Sea is that they should render the task of the Navy less difficult and dangerous.... **There should be a more effective control of the shipping now that it is to follow certain fixed routes or run the risk of being mistaken for an enemy...** Every vessel entering or leaving the North Sea was, by the rule which made those waters a military area, obliged to pass through the Straits of Dover. But now it is said that the Norwegian-American Line of steamers is to be permitted to use the northern passage. This change in the circumstances seems likely to have an effect which may largely neutralize the good results expected from the new policy. At all events, it will no longer be the case that every ship found in the prescribed area can be regarded as an enemy. **The searching business must begin all over again.** It can only be hoped that this departure from the original policy has not been pressed upon the Admiralty against their will by the Foreign Office.“

Auch die holländische Regierung war der gleichen Auffassung[1]), wie sich aus ihrer Protestnote vom 16. November 1914 an die englische Regierung ergibt, in der sie folgendes schrieb:

[1]) Der Auffassung, daß Schiffe, die trotz der Warnung das gesperrte Gebiet befahren würden, sofortiger Beschießung ausgesetzt seien, war auch der Botschafter der Vereinigten Staaten in Berlin, Gérard. Das ergibt sich aus folgendem:

Zwischen dem Botschafter und dem derzeitigen Präsidenten der Bremer Handelskammer, Lohmann, Dr. sc. pol. h. c., hatten im Oktober und November 1914 Verhandlungen über Verschiffung von Baumwolle nach Deutschland stattgefunden. Deutscherseits wurde direkte Verschiffung nach Bremen verlangt, und zwar sollten die Schiffe wegen der Minengefahr in der südlichen Nordsee den Weg nördlich um England herum nehmen. Der Botschafter bezeichnete dies als unmöglich und machte geltend,

„**Ein Meer** von der Fläche der Nordsee **kann nicht in seiner ganzen Ausdehnung als „sphère d'action immédiate des belligérants" betrachtet werden.** Wenn diese ganze Fläche als Kriegsgebiet behandelt wird, so ist das eine ernste Beeinträchtigung des Grundprinzips der Freiheit der Meere, des Prinzips, das alle Völker der Erde anerkannt haben."

Zweck der Kriegsgebietserklärung war mithin Schaffung eines Kriegsgebiets im engsten Sinne des Wortes, in dem Krieg gegen jedes angetroffene Schiff geführt werden konnte, und in dem deshalb die alten Grundsätze der Anhaltung und Untersuchung keine Anwendung mehr finden sollten[1])! Ihr Ziel war, durch lückenlose

---

die Schiffe könnten nur auf dem von der englischen Admiralität freigegebenen Wege durch den Kanal fahren. Auf die Frage, was die Mitteilung der englischen Regierung bedeute, daß die nördliche Nordsee gefährdet sei, denn Minen könnten dort bei der großen Wassertiefe doch nicht gelegt werden, erklärte der Botschafter, **die Schiffe könnten dort kurzerhand abgeschossen werden.**

Präsident Lohmann hat den Inhalt dieses Gespräches dem amerikanischen Botschafter in einem Schreiben vom 16. November 1914 ausdrücklich schriftlich bestätigt, und hat ihm vorgeschlagen, bei seiner Regierung anzuregen, die freie Fahrt der Schiffe durch die nördliche Nordsee sicherzustellen!

[1]) Der Gedanke an eine derartige Kriegführung war für die englische Öffentlichkeit ganz und gar nichts Neues. Ein englischer Schriftsteller (Sherleck Holmes) hat bekanntlich den Gedanken zuerst in Form gebracht, indem er sein berühmt gewordenes Buch über den U-Bootskrieg schrieb. Noch in den letzten Wochen vor dem Kriege wurde in einem ausgedehnten Briefwechsel in den „Times" diese Frage erörtert. Unter diesen Briefen befindet sich ein Brief vom 16. Juli, in welchem Admiral Sir P. Scott als Erwiderung auf eine Äußerung Lord Sydenhams, die die Rechtmäßigkeit eines U-Bootskrieges bestreitet, folgendes ausführt:

„This I consider a dangerous and most misleading doctrine, because it is calculated to make the British public believe that their food supply will be safe in time of war. In order to make its fallacy manifest I will quote the following extract from a letter written by a foreign naval officer:—

„If we went to war with an insular country, depending for its food on supplies from oversea, it would be our business to stop that supply. On the declaration of war we should notify the enemy that he should warn those of his merchant ships coming home not to approach the island, as we were establishing a blockade of mines and submarines. Similarly we should notify all neutrals that such a blockade had been established and that if any of their vessels approached the island they would be liable to destruction either by mines or submarines and therefore would do so at their own risk."

Such a proclamation would, in my opinion, be perfectly in order, and, once it had been made, if any British or neutral ships disregarded it and attempted to run the blockade, they could not be held to be engaged in the peaceful avocations referred to by Lord Sydenham, and if they were sunk in the attempt it could not be described as a relapse into savagery or piracy in its blackest form. If Lord Sydenham will look up the accounts of what usually happened to the blockade-runners into Charleston during the Civil War in America, I think he will find that the blockading cruisers seldom had any scruples about firing into the vessels they were chasing or driving them ashore, and even peppering them, when stranded, with grape and shell. The mine and the submarine's torpedo will be surer deterrents. Trade is timid. It will not need more than one or two ships sent to the bottom to hold up the food supply of the country."

Nicht unerwähnt bleiben darf auch die Tatsache, daß die Forderung, die gesamte Nordsee in einer Form zu schließen, wie es durch die Kriegsgebietserklärung geschah, ausgiebig besonders im Oktober 1914 in der englischen Presse erörtert worden ist; so z. B. in den „Times" vom 20. und 21. Oktober 1914 in Artikeln, die keinen Zweifel über den Sinn der Kriegsgebietserklärung zulassen.

Kontrolle die Durchführung der Absperrung der deutschen Zufuhr sicherzustellen; sie sollte blockieren, ohne daß eine regelmäßige Blockade erklärt wurde. Dieses Ziel ergibt sich nicht nur aus der bereits angeführten Äußerung des englischen Ministers Whinston Churchill vom 9. November 1914, wonach die englische Regierung Deutschland als bereits seit 3 Monaten im Blockadezustand befindlich ansah, sondern abermals auch aus der Auffassung, die in den englischen Zeitungen durch die Marinemitarbeiter vertreten wurde. So schreibt einmal der Marinemitarbeiter der Times als Rechtfertigung der englischen Nordseesperre:

> „Da Minen innerhalb des militärischen Gebietes liegen müssen, ist es nicht unsere Sache, ihre genaue Lage denjenigen bekannt zu machen, die es nicht lassen können, dort umherzufahren. Eine allgemeine Warnung ist erlassen worden, und wenn etwaige Blockadebrecher auf die Minen auflaufen, dann ist es eben ihre eigene Schuld. Mir ist ein Vorwurf gemacht worden, weil ich von Blockadebrechern spreche, weil doch England nicht die Blockade über die deutschen Küsten verhängt habe. Genau genommen ist das richtig; aber hier setzt wieder eine falsche Vorstellung ein. **Die Blockade, wie man sie in früheren Zeiten kannte, ist durch die Mine und den Torpedo abgetan.**“

Grundsätzlich denselben Zweck und dasselbe Ziel verfolgte die dem englischen Beispiel folgende deutsche Kriegsgebietserklärung, wie sich aus ihrem Wortlaut und ihrer Begründung in der an die neutralen Staaten gerichteten Note vom 4. Februar 1915 ergibt. Durch beide Erklärungen wird ein bestimmter Teil der Meeresoberfläche dem freien Verkehr entzogen, und zwar nicht durch Verhängung einer Blockade, dem Mittel des bis zum Ausbruch des Krieges allgemein anerkannten Völkerrechts, sondern unter Anwendung der Androhung sofortiger Vernichtung der innerhalb des gesperrten Gebietes nach abgelaufener Warnungsfrist angetroffenen Schiffe. Unterschiede, die bestehen, betreffen nur die Durchführung der beiderseits erklärten Maßnahmen, so, wenn sich das deutsche Kriegsgebiet nur gegen feindliche Schiffe, das englische dagegen gegen alle, also auch neutrale, Schiffe richtete, und wenn die deutsche Erklärung eine Warnungsfrist von 14 Tagen, die englische von nur 2 Tagen vorsah.

## 4.
## Kannte das Völkerrecht vor dem Kriege eine Seesperre?

Sieht man von dieser Übereinstimmung zwischen den beiden Kriegsgebietserklärungen ab, läßt man ferner auch außer acht, daß von beiden Seiten die Kriegsgebietserklärungen als Repressalien gerechtfertigt worden sind, und prüft man, ob nach den Grundsätzen des Völkerrechts Sperrgebiete an sich zulässig sind, so ergibt sich, daß die Frage eher zu bejahen als zu verneinen ist. Für eine bejahende Antwort spricht ein Präzedenzfall, den Japan geschaffen hat. Am

23. Januar 1904 ist in Japan eine Verordnung über sogenannte Defensive sea areas erschienen. Nach dieser Verordnung können im Kriegsfalle Teile der See auch außerhalb der eigenen Hoheitsgewässer für den Schiffsverkehr unter Androhung von Waffengewalt gegen den Übertretenden geschlossen werden. Tatsächlich sind auch während des russisch-japanischen Krieges Teile des offenen Meeres sowie meerverbindende Straßen gesperrt worden. Artikel 9 der für das Sperrgebiet vor Tokio erlassenen Verordnung lautet wörtlich:

„Schiffe, welche das Sperrgebiet während der Nacht in Verletzung des Artikels 7 befahren, tun dies auf die Gefahr hin, von Torpedobooten oder Patrouillenschiffen beschossen zu werden."

Von japanischen Prisengerichten ist sogar ein Schiff, das in einem der erklärten Sperrgebiete angetroffen worden war, kondemniert worden.

**Dieser Vorgang**[1]**) ist entnommen den Veröffentlichungen des amerikanischen Naval War College**, „International Law Situations 1912". Dort war die Frage gestellt, ob ein amerikanischer Kreuzer in einem Kriege zwischen zwei anderen Staaten ein amerikanisches Handelsschiff durch ein solches Sperrgebiet hindurch begleiten darf. Die Antwort lautet „nein", und es wird noch hinzugefügt, daß der Kommandant das Handelsschiff vor dem Befahren des Sperrgebietes warnen soll. Die Untersuchung kommt schließlich zu folgendem Ergebnis:

The practice, nature of regulations, and drift of opinion seem to show that in time of war a belligerent is entitled to take measures for his protection which are not unreasonable. Certainly he is entitled to regulate the use of his territorial waters in such fashion as shall be necessary for his well-being. Similarly a belligerent may be obliged to assume in time of war for his own protection a measure of control over the waters which in time of peace would be outside of his jurisdiction.

Dieser Präzedenzfall ist um so wichtiger, als, soweit bekannt, kein Staat gegen die erwähnte japanische Order Einspruch erhoben hat. Sie gewinnt noch mehr an Bedeutung dadurch, daß auch die Regierung der Vereinigten Staaten nach ihrem Eintritt in den Krieg eine „Defensive area" vor den Küsten Amerikas erklärt hat.

## 5.

## Die deutsche Kriegsgebietserklärung und die neutralen Staaten. Deutschland erklärt sich bereit, den U-Bootkrieg im Sinne der Kriegsgebietserklärung einzustellen.

Hierzu kommt folgendes:

Als die englische Nordseekriegsgebietserklärung am 2. November 1914 erlassen wurde, ist ein Protest von seiten der Regierung der Ver-

[1]) In den „Times" vom 21. Oktober 1914 ist dieser Vorgang in einem Artikel von Dr. A. Pearce Higgins als ein Beispiel dafür erwähnt worden, daß Teile des freien Meeres auch mit andern Mitteln, als mit dem der Blockade, für die Schiffahrt geschlossen oder gefährdet werden können.

einigten Staaten nicht erfolgt. In ihrer Protestnote vom 26. Dezember 1914 hat sie ebenfalls jeden Protest gegen die Behinderung des direkten Verkehrs nach Deutschland durch England ausgeschaltet. Auch später hat sie niemals die Gültigkeit oder Zulässigkeit der englischen Nordseesperre bestritten oder angezweifelt. **Der englische Sperrerlaß ist auch nicht einmal in die amtlichen Veröffentlichungen der Regierung der Vereinigten Staaten aufgenommen worden[1]).** Von den anderen neutralen Staaten hat nur Holland protestiert. Der bereits oben erwähnte Protest der drei nordischen Staaten vom 18. November 1914 richtete sich nur allgemein gegen die Auslegung von Minenfeldern auf hoher See und die Behinderung des neutralen Handels durch gewaltsame Ausdehnung des Konterbandebegriffs. Auch Deutschland und seine Verbündeten haben bei Erlaß der Erklärung keine Einwendungen erhoben: Anfang Februar 1915 war die Rechtslage mithin folgende: Gegen eine bislang im Völkerrecht ungewohnte Maßnahme war von der gesamten Völkerrechtsgemeinschaft, mit einer oder einigen wenigen Ausnahmen, kein Widerspruch erhoben worden. Diejenigen Mitglieder der Völkerrechtsgemeinschaft, auf die es ankam, nämlich die Neutralen, hatten sich außerdem der Durchführung der Sperre während voller drei Monate gefügt. Die deutsche Regierung konnte sich deswegen auf den Standpunkt stellen, daß das Vorgehen der englischen Regierung der Rechtsanschauung der Völkerrechtsgemeinschaft in ihrem überwiegenden Teile entsprach, und sie konnte erwarten, daß, als sie nunmehr dieselbe Maßnahme ebenfalls zur Anwendung brachte, ihr die Berechtigung dazu nicht bestritten werden würde. **Ganz abgesehen hiervon aber hatten diejenigen neutralen Staaten, die keine Veranlassung gesehen hatten, gegen die englische Nordseesperre Einspruch zu erheben, und die sich ihr unwidersprochen gefügt hatten, die Berechtigung verloren, gegen ein gleiches deutsches Vorgehen zu protestieren, wenn anders sie mit ihren aus der Neutralität folgenden Pflichten nicht in Widerspruch geraten wollten.**

---

[1]) Vergl. oben S. 30. Anmerkung 1. — Auf eine Anfrage über den Grund der Unterlassung der Veröffentlichung hat die Regierung der Vereinigten Staaten wie folgt geantwortet:

Department of State, Washington.

March, 9. 1917.

The Honorable George Holden Tinkham, House of Representatives.

My dear Mr. Tinkham:

I am in receipt of your letter of February 28, 1917, enclosing a communication from Mr. Emil Ahlborn, 258 Marlborough Street, Boston, Massachusetts, requesting that he be informed why this Government omitted from its official publication of the documents relating to belligerents and the rights of neutrals and commerce the British Admiralty order of November 2, 1914, declaring the North Sea a military area.

In reply, I would suggest that Mr. Ahlborn be informed that as it was impossible to publish all the material in the Department relating to the war and as the order of November 2, 1914, had already been made public by the Department, it was deemed unnecessary at the time to reprint the order in the official White Book.

I am, my dear Mr. Tinkham, very sincerely yours

gez. Robert Lansing.

So war die deutsche Kriegsgebietserklärung unter allen Umständen und nicht nur als gegen den Feind gerichtete Vergeltungsmaßnahme gerechtfertigt.

In ihrer Erwartung, die Neutralen würden gegenüber der deutschen Kriegsgebietserklärung gleich duldsam sich verhalten, wie sie es gegen die englische Kriegsgebietserklärung getan hatten, sah sich die deutsche Regierung getäuscht. Insbesondere protestierte die Regierung der Vereinigten Staaten. Der Protest ließ zunächst die Vermutung zu, als ob die Regierung der Vereinigten Staaten über die Tragweite der deutschen Erklärung irriger Ansicht gewesen sei, denn er richtete sich gegen etwas, war gar nicht beabsichtigt war, dagegen nämlich, daß in dem deutschen Kriegsgebiet auch neutrale Handelsschiffe angegriffen werden sollten. Der Protest stellte außerdem fest, die Regierung der Vereinigten Staaten gehöre nicht zu den Regierungen, denen in der deutschen Begleitnote zur Kriegsgebietserklärung der Vorwurf gemacht werde, sie hätten sich den englischen völkerrechtswidrigen Maßnahmen im großen und ganzen gefügt. Und sie bezeichnete schließlich das deutsche Vorhaben als so sehr ohne Vorgang auf dem Gebiete des Seekrieges, daß sie nicht annehmen könne, die deutsche Regierung betrachte dies Vorgehen als möglich.

Auf diesen Protest antwortete die deutsche Regierung am 16. Februar 1915. Ausdrücklich wurde jetzt nochmals festgestellt, daß keine Angriffe auf neutrale Schiffe beabsichtigt seien. Doch unterließ die Antwortnote, des weiteren auf die Protestnote der amerikanischen Regierung vom 26. Dezember 1914 gegenüber der englischen Regierung hinzuweisen, in der der Satz steht: „In den Anfangstagen des Krieges nahm die Regierung an, daß das Vorgehen der britischen Regierung hervorgerufen war durch den unerwarteten Ausbruch des Krieges und die Notwendigkeit, durch sofortige Maßnahmen zu verhindern, daß Konterbande zum Feinde gelange. **Aus diesem Grunde war sie nicht geneigt, dieses Vorgehen** streng zu beurteilen oder **ernstlich zu protestieren,** obgleich es offenbar dem amerikanischen Handel mit den neutralen Ländern sehr abträglich war!" Und schließlich unterließ die deutsche Note es auch, gegenüber der amerikanischen Behauptung, das deutsche Vorgehen sei ganz ohne Vorgang, festzustellen, daß die Regierung der Vereinigten Staaten dem gleichen englischen Vorgehen gegenüber keinen Anlaß zum Einschreiten gesehen hatte. Die deutsche Antwortnote war vielmehr im Gegenteil so sehr bestrebt, alle Schärfen zu vermeiden, daß sie sogar soweit entgegenkam, vorzuschlagen, die **amerikanische** Regierung möge ihre Schiffe konvoiieren lassen, um so die infolge des englischen Flaggenmißbrauchs drohende Gefahr der Verwechselung im Kriegsgebiet zu vermeiden, und **sie teilte endlich mit, daß sie bereit sei, den U-Bootskrieg nicht zu führen, falls Amerika und die Neutralen es erreichten, Deutschland die legitime Zufuhr von Lebensmitteln und industriellen Rohstoffen zu ermöglichen.**

Deutschland kam mithin einen erheblichen Schritt entgegen.

## 6.
## Amerikanischer Vermittlungsvorschlag.

Auf die deutsche Note folgte der Vermittlungsvorschlag der Vereinigten Staaten vom 21. Februar 1915. Deutschland sollte den U-Bootskrieg aufgeben und sich in der Verwendung der Minen Einschränkungen auferlegen. England sollte den für englische Schiffe angeordneten Flaggenbetrug aufgeben und gestatten, **daß Lebensmittel an Firmen nach Deutschland gelangen dürften, die von der amerikanischen Regierung mit der Verteilung der Lebensmittel an die Zivilbevölkerung beauftragt werden würden. Die deutsche Regierung sollte sich verpflichten, diese Lebensmittel nicht zu requirieren.**

Die deutsche Regierung nahm mit der Note vom 28. Februar 1915 den amerikanischen Vorschlag mit einigen nicht grundsätzlichen Abänderungen an.

Die englische Regierung antwortete erst am 15. März, sie lehnte ab. England lehnte es somit ab, den fundamentalsten Grundsatz des allgemein anerkannten Völkerrechts und der Menschlichkeit wieder in Geltung zu setzen, nach dem es Pflicht ist, Lebensmittel, die für die Zivilbevölkerung des feindlichen Staates bestimmt sind, unangetastet zu lassen. Die Ablehnung erfolgte, was besonders hervorzuheben ist, trotzdem der englischen Regierung durch die von dem mächtigsten neutralen Staat in Aussicht gestellte Überwachung die Garantie gegeben werden sollte, daß die Lebensmittel ausschließlich der Zivilbevölkerung zugute kommen sollten.

Unverhüllter konnte das seit Beginn des Krieges unabänderlich verfolgte Ziel, Deutschland durch Aushungerung seiner Zivilbevölkerung auf die Knie zu zwingen, nicht ausgesprochen werden.

England begnügte sich aber nicht mit der Ablehnung, England hielt nunmehr die Zeit für gekommen, alle Mittel einzusetzen, um sein wirkliches Kriegsziel, die völlige Vernichtung von Deutschlands Wirtschaftsmacht, zu erreichen. Das aber ließ sich nicht erreichen, wenn lediglich die bisherigen Aushungerungsmaßnahmen weiter durchgeführt wurden. Dazu war vielmehr notwendig, daß man auch den deutschen Außenhandel tödlich traf. Eine den Regeln des Völkerrechts entsprechende Blockade hätte England zu diesem Ziel nicht geführt. Militärisch war es auch nicht möglich, eine Blockade der deutschen Küsten durchzuführen. So griff England zu dem Mittel, das sich bereits seit den ersten Tagen des Krieges erfolgreich bewiesen hatte, es verhängte über die Neutralen weitere Zwangsmaßnahmen zu dem Zwecke, jeden Handelsverkehr der Neutralen mit Deutschland zu unterbinden. Das geschah durch die Order in Council vom 11. März 1915.

## 7.

## Vorgeschichte der Order in Council vom 11. März 1915.

Am 1. März 1915 erließ die englische Regierung zunächst ein Rundschreiben, in dem sie den neutralen Staaten mitteilte, daß sie in Vergeltung gegen Deutschlands Vorgehen sich berechtigt halte, in Zukunft alle Schiffe in englische Häfen einzubringen, die irgendwelche Güter an Bord hätten, bei denen feindliche Bestimmung oder feindliches Eigentum oder feindlicher Ursprung vermutet werde. Jeder Hinweis darauf, daß hiermit die Erklärung einer Blockade beabsichtigt gewesen sei, fehlte.

Die amerikanische Regierung antwortete am 5. März 1915. Sie stellte hinsichtlich der Tragweite der angekündigten Maßnahmen mehrere Fragen, die ausklangen in dem Satz:

**„While the Government is fully alive to the possibility that the methods of modern naval warfare, particularly in the use of the submarine for both defensive and offensive operations, may make the former means of maintaining a blockade a physical impossibility, it feels that it can be urged with great force that there should be also some limit to „the radius of activity", and especially so if this action by the belligerents can be construed to be a blockade."**

Dieser Satz macht die Note zu einem der wichtigsten Dokumente des Krieges. Welche Bedeutung sie hatte, zeigt die englische Note, mit welcher der Regierung der Vereinigten Staaten die am 11. März 1915 erlassene angekündigte Order in Council mitgeteilt wurde. Diese Note enthält folgende Sätze:

„At the same time Your Excellency **notified me that while granting the possibility of using new methods of retaliation against the new use to which submarines have been put"**...und **„As well set forth by the Federal Government the old methods of blockade cannot be entirely adhered to in view of the use Germany has made of her submarines, and also by reason of the geographical situation of that country."**

**Es ergibt sich also, daß England sich berechtigt hielt, die amerikanische Note als Begründung dafür anführen zu können, daß England mit Zustimmung der Regierung der Vereinigten Staaten Deutschland gegenüber Blockadewirkungen ausüben, m. a. W. Deutschland aushungern dürfe, ohne hierbei an die Regeln des Völkerrechts über eine Blockade gebunden zu sein.** Immerhin aber hielt die englische Regierung diese Berufung auf die Zustimmung der Regierung der Vereinigten Staaten doch noch nicht für genügend, um darauf allein die Rechtfertigung der Order in Council zu stützen. Sie behauptet daher in ihrer Note, die Regierung der Vereinigten Staaten habe **auch dazu** ihre Zustimmung erteilt, daß gegen U-Boote neue **Vergeltungsmethoden** angewandt werden dürften, und daß die alten Blockaderegeln nur dort angewandt zu werden brauchten, wo die geographische Lage des zu blockierenden Landes dies möglich mache!

In den von der Regierung der Vereinigten Staaten veröffentlichten Noten ist zwar nichts enthalten, was diese Behauptung zu rechtfertigen vermöchte, andererseits aber ist dieser Versuch, die amerikanische Regierung auf etwas festzulegen, was sie gar nicht ausgesprochen hatte, auch nicht zurückgewiesen worden.

## 8.
## Order in Council vom 11. März 1915.
## („Sogenannte Blockade".)

Die am 11. März erlassene Order in Council bestimmte kurz folgendes: Es können beschlagnahmt werden, wo immer und auf welchem Schiff sie auf See angetroffen werden, irgendwelche Güter,

a) die nach einem deutschen Hafen unterwegs sind, auch wenn sie für Neutrale bestimmt oder deren Eigentum sind,
b) die in einem deutschen Hafen geladen sind, auch wenn sie für Neutrale bestimmt und in deren Eigentum stehen, oder neutralen Ursprungs sind,
c) die nach einem neutralen Hafen befördert werden, falls sie für den Feind bestimmt, oder auch nur dessen Eigentum sind,
d) die in einem neutralen Hafen geladen sind, falls sie feindlichen Ursprungs oder feindliches Eigentum sind, seien sie auch für Neutrale bestimmt.

Nach einer Note vom 15. März 1915 sollte es jedoch nicht die Absicht der englischen Regierung sein, die Bestimmungen außerhalb der europäischen Gewässer und des Mittelmeeres anzuwenden. Insofern ist also der nach der Order in Council selbst nicht begrenzte Anwendungsbereich begrenzt worden.

Die Order in Council verhängte keine Blockade. Sie bezeichnete sich vielmehr als eine Repressalienmaßnahme gegen den deutschen U-Bootskrieg. Eine Blockade hätte sich im übrigen nach den Grundsätzen der Pariser und der Londoner Deklaration richten müssen, denn die englische Regierung gehörte zu den Unterzeichnern der ersteren, während sie letztere, soweit das Blockaderecht in Frage kommt, durch die Order in Council vom 29. Oktober 1914 ausdrücklich anerkannt hatte. Hiernach soll, um nur einige Grundsätze anzuführen, eine Blockade ausdrücklich erklärt werden. Das ist nicht geschehen. Diesem Erfordernis ist auch nicht dadurch genügt, daß in späteren Noten die Bestimmungen der Order in Council als mit Blockadegrundsätzen in Übereinstimmung bezeichnet wurden. Eine Blockade darf sich auch nur auf die feindlichen Küsten erstrecken, und darf den Zugang zu neutralen Küsten und Häfen nicht versperren. Auch dieser Grundsatz ist außer acht gelassen. Die Bestimmungen der Order in Council sollten in allen europäischen Gewässern und dem Mittelmeer zur Anwendung kommen. Kein Schiff konnte also einen neutralen Hafen erreichen, ohne durch die Blockadezone hindurchfahren zu müssen. Außerdem aber sollte die Wirkung der Bestimmungen der Order in Council dieselbe sein gegenüber den Schiffen, die nach und von **feindlichen** Häfen unterwegs waren, wie gegenüber den nach und von **neutralen**, Deutschland benachbarten Ländern unterwegs befindlichen Schiffen[1]). Endlich soll eine Blockade gegenüber allen neutralen Staaten gleichmäßig wirken. Hierzu aber waren die englischen Seestreitkräfte nicht in der Lage, denn sie konnten den Verkehr der neutralen Ostseestaaten mit Deutschland nicht behindern[2]). Bedeutete die Order in Council aber die Verhängung einer Blockade, so wäre sie mithin auch nicht rechtswirksam gewesen, weil sie nicht effektiv war.

Unter diesen Umständen ist es erklärlich, daß die Order in Council keine Blockade verhängte, sondern sich bezeichnete als Repressalienmaßnahme, darauf gerichtet, zu verhindern, daß irgendwelche Waren nach Deutschland gelangten oder herauskämen. Durch die Order in Council sollten mithin, obgleich sie keine Blockade erklärte, Blockadewirkungen erzielt werden. In späteren Noten an die Regierung der Vereinigten Staaten nahm die englische Regierung für die Order in Council jedoch in Anspruch, daß sie eine Blockade sei. Sie begründete diesen Anspruch damit, daß die Bedingungen des modernen Handelsverkehrs die Anwendung der alten Blockaderegeln einem Staate wie Deutschland gegenüber unmöglich gemacht habe; die geographische Lage Deutschlands sei so, daß es bei einer

[1]) 1. Vgl. hierzu die Note der Vereinigten Staaten vom 30. März 1914:

„The note of His Majesty's Principal Secretary of State for Foreign Affairs which accompanies the Order in Council, and which bears the same date, **notifies** the Government of the United States **of the establishment of a blockade which is, if defined by the terms of the Order in Council, to include all the coasts and ports of Germany and every port of possible acces to enemy territory.** But the novel and quite unprecedented feature of **that blockade,** if we are to assume it to be properly so defined, is that it **embraces many neutral ports and coasts, bars access to them, and subjects all neutral ships seeking to approach them to the same suspicion that would attach to them were they bound for the ports of the enemies of Great Britain,** and to unusual risks and penalties."

2. „Times", 27. Januar 1916, Rede von Sir Edward Grey im Unterhaus: „We are, I think, as one hon. member said, filtering the trade, which passes though with the object of stopping all the enemy trade. We are stopping the trade coming out, and we are also stopping the imports; more than that you cannot do. You cannot do more than stop all imports into the enemy country and all exports coming out. We are applying the doctrine of continuous voyage, and it is being applied now. On what other grounds are goods to neutral ports held up but on the ground of continuous voyage?"

[2]) Vergl. Note der Regierung der Vereinigten Staaten von Amerika vom 5. November 1915: „**Moreover, it is an essential principle which has been universally accepted that a blockade must apply impartially to the ships of all nations.** This was set forth in the Declaration of London, is found in the Prize Courts of Germany, France and Japan, and has long been admitted as a basis principle of the law of blockade. **This principle, however, is not applied in the present British „blockade", for, as above indicated, German ports are notoriously open to traffic with the ports of Denmark, Norway, and Sweden."**

Blockade nach den alten Regeln möglich sei, trotz bestehender Blockade Zufuhren nach Deutschland durch neutrales Land zu bringen; dadurch werde die Wirkung einer Blockade illusorisch. Es sei aber das Recht des Kriegführenden, den Handel seines Gegners zu unterbinden. Könne dies nach den alten Regeln der Blockade nicht geschehen, so dürften diese den neuen Verhältnissen angepaßt werden, ohne dadurch völkerrechtswidrig zu werden. Der Handel, der infolge der geographischen Lage und der besonderen Bedingungen des Landes des Gegners über neutrales Land gehe, dürfe genau so behandelt werden, wie wenn er durch blockierte feindliche Häfen gegangen wäre.

Die Abänderung der Blockaderegeln soll also deswegen zulässig sein, weil sonst eine Blockade wegen des durch neutrale Länder gehenden Handels nicht zu ihrem Ziele führen würde. Und die Abänderung soll darin bestehen dürfen, daß jeder von und nach Deutschland unterwegs befindliche Gegenstand, sowie jeder Gegenstand, der aus Deutschland stammt, auch auf dem Wege zwischen neutralen Ländern festgehalten werden kann, d. h. also, daß der der Lehre von der fortgesetzten Reise zugrunde liegende Gedanke bis in seine letzte Konsequenz zur Anwendung gebracht werden dürfe.

Was zunächst die als Grund zur Abänderung der Blockaderegeln angegebene Möglichkeit des Handels des blockierten Landes durch neutrales Land hindurch anbetrifft, so ist festzustellen, daß diese Möglichkeit keine neue ist, daß sie vielmehr von alters her schon bestand. Trotzdem aber war sie niemals als Grund dafür angesehen worden, von den alten Blockaderegeln abzugehen.

Das ergibt sich besonders aus T. Baty, International Law in South Africa, London 1900, wo über die englische Praxis zur Zeit der napoleonischen Kriege folgendes geschrieben wird (S. 7 bis 10):

„In the case of The Imina (3. C. Robins. 167.) there arose a curiously complicated question of blockade and contraband. The ship was cleared from her startingpoint, laden with alleged contraband for a blockaded port. She was proceeding (as her papers showed) from Dantzic, in Prussia, to Amsterdam. But, hearing that Amsterdam was blockaded, she changed her course towards the neutral and unblockaded port of Emden, and was captured by a British cruiser. It was held by Sir W. Scott that in that case she was neither attempting to break the blockade, nor carrying contraband to the enemy. And the memorable words were used:

„This is a claim for a ship taken at the time of sailing for Emden, a neutral port; a destination on which, if it is regarded as the real destination, no question of contraband could arise, inasmuch as goods going to a neutral port cannot come under the description of contraband, all goods going there being equally lawful. The rule respecting contraband, as I have always understood it, is that the articles must be taken in delicto, in the actual prosecution of a voyage to the enemy's port". Not a word was said as to the possibility of the goods being intended to reach Amsterdam by some other channel. Emden is about five miles from Holland, and communication is obviously easy enough..

It is not as if the Court was unaware of the position of Emden, and of its use as a depôt for the enemy. The Court knew very well what was going on at Emden . . . For Emden was the Nassau of the Napoleonic time. . . . Yet the pertinacious Britain of those days did not object, but made the best of a good rule, which could not be expected to make everything smooth for the belligerent. And there must have been hundreds — one may indeed say thousands — of cases in which munitions of war were conveyed to ports in neutral countries in order to be the more safely and easily carried, either overland, or by a short sea journey, to the enemy. Yet not a single instance is forthcoming of such a voyage being impeached in its initial stage. During all the great period of the Napoleonic wars, when the rights of belligerents were being pushed up to, and far beyond, their legitimate extent; at a time when the Berlin decree was prohibiting traffic in British merchandise, and Orders in Council were establishing paper blockades of a continent, there is not one single case of goods being condemned simply on the ground of their being munitions of war, intended ultimately to reach the enemy, in course of transit to a neutral port.

Das ergibt sich ferner aus der Entscheidung des amerikanischen Supreme Court aus der Zeit des amerikanischen Bürgerkrieges im Falle „Peterhoff“. Das Gericht entschied nach Moore, International Law Digest, Bd. VII. S. 717:

„That „neutral trade to or from a blockaded country by inland navigation or transportation“, is lawful; and, „therefore, that trade, between London and Matamoras, even with intent to supply, from Matamoras, goods to Texas, violated no blockade, and can not be declared unlawful“. „Such trade“, said the court, „with unrestricted inland commerce between such a port and the enemy's territory, impairs undoubtedly and very seriously impairs the value of a blockade of the enemy's coast. But in cases such as that now in judgment, we administer the public law of nations, and are not at liberty to inquire what is for the particular advantage or disadvantage of our own or another country“.

Im übrigen lagen dieselben, angeblich neuen Verhältnisse doch auch schon zur Zeit der Londoner Konferenz vor. Dennoch ist die englische Regierung damals nicht nur nicht der Meinung gewesen, daß eine Abänderung der alten Blockaderegeln zulässig sei, sondern sie ist vielmehr im Gegenteil ein Verfechter der alten Völkerrechtssätze gewesen. So hat sie in der Denkschrift, die sie für die Vorbereitung der Konferenz aufstellte, ausdrücklich folgenden, nach ihrer Meinung dem Völkerrecht entsprechenden Grundsatz aufgestellt:

„Hatte das Schiff nicht die Absicht, nach dem blockierten Hafen zu fahren, so kann der Umstand, daß die an Bord befindlichen Waren zu Wasser oder zu Lande weiter verschickt werden sollen, keinen Grund für die Kondemnierung abgeben.“

Begeht aber das Schiff keinen Blockadebruch, so begeht auch die Ladung keinen solchen, unterliegt mithin auch nicht der Beschlagnahme, selbst wenn sie für das blockierte Land bestimmt ist, — es sei denn, daß man auf die Ladung den Grundsatz der fortgesetzten Reise zur Anwendung brächte. Das aber war nach englischer Ansicht ausgeschlossen[1]), wie die in der Denkschrift dem obigen Grundsatz beigefügten Zitate beweisen, von denen eines den Fall „Jonge Pieter“ betrifft. In diesem Fall hat das englische Prisengericht entschieden, daß Güter auf dem Wege von London über Emden nach Amsterdam, das blockiert war, wegen Blockadebruches nicht kondemniert werden könnten. Daß diese Grundsätze in der Tat dem allgemein anerkannten Völkerrecht entsprachen, ergibt sich auch daraus, daß in dem oben erwähnten Urteil im Falle „Peterhoff“ nach demselben Grundsatz entschieden worden ist.

Wenn diese Entscheidungen aber auch nur den Fall betreffen, daß Waren, die in einem neutralen Hafen gelöscht sind, auf dem Inlandwege nach dem blockierten Lande weitergehen sollen, so hat doch die englische Denkschrift zur Londoner Konferenz ausdrücklich festgestellt, daß der Grundsatz der fortgesetzten Reise bei der Blockade nach allgemeinem Völkerrecht überhaupt keine Anwendung findet. Diese Feststellung erfolgte unter ausdrücklicher Ablehnung der Entscheidung des amerikanischen Supreme Court im Falle „Springbock“. In der Tat hat dann auch die Londoner Erklärung die Anwendung des Grundsatzes der fortgesetzten Reise, als dem allgemein anerkannten Völkerrecht nicht entsprechend, abgelehnt. Die englische Regierung aber hat die Londoner Erklärung unterzeichnet. Daraus ergibt sich mithin, daß die englische Regierung noch kurze Zeit vor dem Kriege die Zulassung einer Abänderung der alten Blockaderegeln ablehnte, und zwar in vollster Erkenntnis der Tatsache, daß es die Bestimmungen der Londoner Erklärung unmöglich machen, die Zufuhr nach einem blockierten Land auf dem Wege über neutrales Land zu verhindern. Somit kann sich die englische Regierung nicht auf neue Verhältnisse zur Rechtfertigung dafür berufen, daß die Bestimmungen der Order in Council vom 11. März 1915 nur eine Anwendung alter Regeln auf neue Verhältnisse seien.

Die Anwendung des Grundsatzes der fortgesetzten Reise würde auch zu unmöglichen Konsequenzen führen. Die Blockadelinien würden an die trockenen Grenzen, die das blockierte Land von angrenzenden neutralen Ländern trennen, vorgeschoben werden. Damit aber würde der neutrale Staat zum Mithelfer bei der Durchführung der Blockade gemacht. Auf der andern Seite würde die Anwendung der Lehre von der fortgesetzten Reise nicht möglich sein, ohne die Grundsätze der Effektivität und der Lokalisation der Blockade außer Acht zu lassen, weil der Kriegführende dann nicht nur den Handel,

[1]) Vergl. A Manual of Naval Prize Law. Nr. 73.

der durch die vor den feindlichen blockierten Häfen liegende Blockadezone passiert, unterbinden darf, sondern unabhängig davon auch in den Handel zwischen neutralen Staaten eingreifen kann. Die Blockade hat aber niemals die Aufgabe, den Handel der Neutralen untereinander, sondern nur den durch die Blockadezone hindurch passierenden Handel zum oder vom Feinde zu unterbinden oder einzuschränken!

Sieht man nun davon ab, daß der von der englischen Regierung angegebene Grund zur Abänderung der alten Blockaderegeln hinfällig ist, also keine Rechtfertigung für eine solche Änderung sein kann, und prüft man nun, ob die Anwendung des Grundsatzes der fortgesetzten Reise vom Völkerrecht gebilligt oder den Rechtsanschauungen innerhalb der Völkerrechtsgemeinschaft entspricht, so ergibt sich folgendes:

Die englische Regierung hat sich zur Begründung auf die bereits erwähnte Entscheidung des amerikanischen Supreme Court im Falle „Springbock“ als Präzedenzfall berufen, trotz ihrer in der Denkschrift zur Londoner Konferenz ausgesprochenen Ablehnung des Urteils. Dieses Urteil bedarf deshalb einer näheren Betrachtung, denn es ist in der Tat der einzige Präzedenzfall, der hier, wenn überhaupt, in Frage kommen könnte. Bei dieser Betrachtung muß naturgemäß auch davon abgesehen werden, daß zur Zeit des „Springbock“-Falles eine regelrechte Blockade verhängt war, das Gericht also über einen Fall des beabsichtigten Blockadebruches zu entscheiden hatte, während in diesem Kriege eine Blockade gegen Deutschland nicht erklärt worden ist.

Springbock war eine englische Bark, die mit ihrer Ladung nach Ausweis der Schiffs- und Ladungspapiere nach dem neutralen Hafen Nassau (Bermuda-Inseln) bestimmt war. Schiff und Ladung wurden in erster Instanz kondemniert. Diese Entscheidung wurde vom Supreme-Court bestätigt, soweit die Ladung in Frage stand, aufgehoben dagegen für das Schiff. Der Erlös des aus Konterbande bestehenden Teiles der Ladung betrug 1% des Gesamterlöses.

Zu dem Urteil ist zunächst festzustellen, daß es offenbar mit den Tatsachen in Widerspruch stehende Unrichtigkeiten enthält, so z. B. wenn die Absicht der Weiterverschiffung der Ladung des nach seinen Papieren nach dem neutralen Hafen Nassau bestimmten Schiffes daraus hergeleitet wird, daß das zur Weiterbeförderung bestimmte Schiff bereits im Hafen von Nassau gelegen habe, während dieses Schiff tatsächlich in England lag. Ferner war keinerlei Beweis für die Weiterverschiffung nach einem blockierten Land vorhanden, das Urteil mußte sich vielmehr mit einer Vermutung einer solchen Absicht der Weiterbeförderung nach einem ebenfalls unbekannten blockierten Hafen begnügen. Schließlich sind auch offenbare Ungerechtigkeiten in der Frage der Zulassung von Beweisen geschehen, durch die es den Interessenten nicht möglich gewesen ist, Gegenbeweise zu erbringen. Schon hieraus ergibt sich, daß das Urteil sachlich ein Fehlurteil ist, das also schon aus diesem Grunde als Präzedenzfall nicht anerkannt werden könnte, selbst wenn es in seiner sonstigen Begründung mit den anerkannten Grundsätzen des Völkerrechts übereinstimmte.

Hier aber ist zunächst zu bemerken, daß es unmöglich ist, an der Hand des Wortlautes des Urteils festzustellen, ob es zur Kondemnierung der Ladung gekommen ist auf Grund der Anwendung des Grundsatzes der fortgesetzten Reise auf einen Fall der Verschiffung von Konterbande oder des Blockadebruches. Soweit sich Schriftsteller mit dem Fall befaßt haben, stehen sie meist auf dem letzteren Standpunkt.

Die englische Regierung scheint dagegen zur Zeit der Londoner Konferenz mehr auf dem Standpunkte gestanden zu haben, daß ein Fall von Konterbandeverschiffung vorgelegen habe. Jedenfalls lehnte sie es ab, das Urteil für das Blockaderecht als Präzedenzfall anzusehen[1]). Ebenfalls scheint der Standpunkt der Regierung der Vereinigten Staaten von Amerika der zu sein, daß das Urteil einen Fall des Konterbanderechts betrifft[2]). Stellt man sich nun aber auf den Standpunkt, daß das Urteil einen Fall des Blockaderechts betrifft, so könnte es doch immer nur ein Präzedenzfall dafür sein, daß der Grundsatz der fortgesetzten Reise Anwendung findet auf Waren, deren Umladung in einem neutralen Zwischenhafen und deren weiterer Transport **über See** nach dem blockierten Land in Frage steht. Nicht aber kann es als Präzedenzfall dafür angezogen werden, daß dieselben Grundsätze Anwendung finden auf Waren, von denen bewiesen oder vermutet wird, daß sie **vermittels Landtransportes** nach dem blockierten Land weitergehen sollen. Hier stände vielmehr das Urteil des amerikanischen Prisengerichtes im Fall „Peterhoff" direkt entgegen. Und endlich wäre es kein Präzedenzfall, der die Beschlagnahme solcher Güter rechtfertigte, die ein Neutraler vom Feinde erworben hat, und die das feindliche Land auf dem Landwege im Wege friedlichen Handelsverkehrs **verlassen** haben. Hierfür gibt es vielmehr überhaupt keinen Präzedenzfall.

Das Urteil im „Springbock"-Fall kann aber unter keinen Umständen als Präzedenzfall angesehen werden. Ein Urteil eines Prisengerichtes kann überhaupt nur dann Rechtsquelle des Völkerrechts

---

[1]) Vergl. Instruktion an den englischen Bevollmächtigten zur Konferenz:

„It is exceedingly doubtful whether the decision of the Supreme Court was in reality meant to cover a case of blockade-running in which no question of contraband arose. Certainly, if such was the intention, the decision would pro tanto be in conflict with the practice of the British Courts. His Majesty's Government sees no reason for departing from that practice, and you should endeavour to obtain general recognition of its correctness."

[2]) Dies kann nur die Meinung folgender Bemerkung in der Note der Vereinigten Staaten vom 5. November 1915 sein:

„Since the Government of Great Britain has laid much emphasis on the ruling of the Supreme Court of the United States in the Springbok case, that goods of contraband character seized while going to the neutral port of Nassau, though actually bound for the blockaded ports of the South, were subject to condemnation usw."

werden, wenn es die Billigung der gesamten Völkerrechtsgemeinschaft findet. Das ist aber hier nicht der Fall gewesen. Im Gegenteil. Niemals ist ein Urteil einmütiger als Fehlurteil bezeichnet worden[1]); es hat sich kaum je eine Feder gefunden, die es verteidigte. Das ist auch erklärlich, wenn man weiß, daß einer der Richter, der in dem das Urteil sprechenden Richterkollegium gesessen hat, später folgende Mitteilung gemacht hat:

> „The truth is that the feeling of the country was deep and strong against England, and the judges, as individual citizens, were no exception to that feeling. **Besides, the Court was not then familiar with the law of blockade . . . .** Now that the passions and prejudices of the hour have passed away, there cannot be two different opinions in the case."

Wie wenig aber dieses Urteil mit den Grundsätzen des Völkerrechts in Einklang stand, hat niemand überzeugender dargelegt, als Mr. Evarts, späterer Staatssekretär der Vereinigten Staaten, und ihm folgend Sir Travers Twiss. Es genügt, aus der Schrift von Mr. Evarts folgendes zu zitieren:

> „Upon the whole, then, it is respectfully submitted, that the case of the Springbocks cargo, if suffered to remain unreversed as a rule of the law of nations, **gives to belligerents a power which, heretofore, they have never dared to claim, and subjugates the commerce of neutral nations to belligerent exigencies to an extent never before submitted to, an extent not tolerable either to their interests or their pride.**
>
> The rule thus established gives to the cruisers and the prize courts a wider and more uncontrolled sweep of interference with commerce between the proscribed neutral ports than they possess in respect to commerce between neutral and belligerent ports.
>
> A paper blockade of the neutral ports, not tolerable towards the enemy's ports, capture and sending in for adjudication vessels that cannot by possibility convict or acquit themselves on the primary proofs — for they cover only the present and innocent voyage — condemnation upon intent of future voyage, not commenced, necessarily upon extraneous proofs, if at all — all these strange consequences follow from this new doctrine of belligerent right and neutral subserviency."

Sir Travers Twiss aber schreibt:

> „If upon two such fundamental questions of the Law of Nations as contraband of war and breach of blockade, a great Power is at liberty to make innovations at its discretion in its

---

[1]) Vergl. Note der englischen Regierung an die der Vereinigten Staaten vom 23. Juli 1915: „. . . . Your Excellency will remember the unmeasured terms in which a group of prominent international lawyers of all nations condemned the doctrine which had been laid down by the Supreme Court of the United States in the case of the Springbock."

own interest as a belligerent, evil days are, I fear, in store for the weaker States, as neutrals.“

Niemand hat die Tragweite dieses Urteils besser eingesehen als Sir Travers Twiss!

Kann ein solches Urteil, das sich über alle Grundsätze des Völkerrechts hinwegsetzt, jemals dazu dienen, Völkerrechtsquelle zu sein? Englische Prisengerichte jedenfalls müßten dieses Urteil als Präzedenzfall ablehnen, wenn anders sie nicht den in dem Fall „The Flad Ogen“ von Lord Stowell niedergelegten Grundsatz außer acht lassen wollen, wonach es Pflicht der Prisengerichte ist „not to admit, because one Nation has thought fit to depart from the common usage of the world, and to meet the notice of mankind in a new and unprecedented manner that they are on that account under the necessity of acknowledging the efficacy of such a novel institution, merely because general theory might give it a degree of countenance independent of all practice from the earlist history of mankind.“

Die englische Regierung kann somit die Entscheidung im „Springbock“-Fall nicht als Präzedenzfall für die Bestimmungen der Order in Council in Anspruch nehmen. Damit fällt aber auch die ganze Beweisführung der englischen Regierung in sich zusammen, und es ist festzustellen, daß die Bestimmungen der Order in Council nicht nur in Widerspruch zu den Grundsätzen des Völkerrechts stehen, sondern daß gerade auch die englische Regierung und mit ihr die gesamte Völkerrechtsgemeinschaft fast ohne Ausnahme ein Vorgehen, wie es die Order in Council vorsieht, stets als unrechtmäßig angesehen haben.

Unter diesen Umständen ist es erklärlich, daß die Order in Council als Repressalie verkündet worden ist. Hiermit ist aber zugleich zugegeben, daß die englische Regierung jedenfalls bei Verkündung der Order in Council noch nicht der Meinung war, daß ihre Bestimmungen nichts anderes seien, als eine den Verhältnissen angepaßte rechtmäßige Anwendung von Blockadegrundsätzen. Wäre sie dieser Meinung gewesen, so hätte die englische Regierung eine Blockade erklären können und müssen. Da sie dies nicht getan hat, hat sie zugegeben, daß die Order in Council nicht in Übereinstimmung mit den Grundsätzen des Völkerrechts war, daß sie deshalb nur als Vergeltungshandlung begründet werden konnte.

Die Bestimmungen der Order in Council bedeuten aber nicht nur eine völlige Verneinung des in der Pariser Deklaration und der Londoner Erklärung festgelegten Blockaderechts. Sie verletzen vielmehr dadurch, daß sie die Wegnahme feindlichen Gutes auf neutralen Schiffen zulassen, auch den in der Regel 2 der Pariser Deklaration niedergelegten Grundsatz, wonach die neutrale Flagge feindliches Gut, mit Ausnahme von Konterbande, deckt[1]), ganz abgesehen davon,

[1]) Vergl. Note der niederländischen Regierung vom 19. März 1915 und Note der Regierung der Vereinigten Staaten vom 31. März 1915. Die englische Regierung hat dies in ihrer Note vom 24. Juli 1915 an die Regierung der Vereinigten Staaten zu bestreiten versucht. Das ändert aber nichts daran, daß nach dem unzweideutigen Wortlaut der Order in Council zur Beschlagnahme die bloße Feststellung genügt, daß ein Gut feindliches Eigentum ist. Bei solchen Gütern ist es also nicht notwendig, daß sie feindliche Bestimmung haben oder feindlichen Ursprungs sind.

daß sogar neutrales Gut an Bord neutraler Schiffe der Beschlagnahme unterlag, sofern es feindlichen Ursprungs war[1].

Aber war denn die Order in Council überhaupt eine gerechtfertigte Repressalie? Auch diese Frage ist zu verneinen. Abgesehen davon, daß sie eine Repressalie gegen eine gerechtfertigte Repressalie, den deutschen U-Bootskrieg, war, darf eine Repressalie doch nur zur Anwendung kommen, wenn und solange sie zur Abweisung eines Rechtsbruches notwendig ist. Ist also der Rechtsbrecher bereit, von seinen unrechtmäßigen Handlungen abzustehen, so fällt auch der Grund zur Repressalie fort, weil sie ihren Zweck erreicht hat.

Nun hatte sich aber die deutsche Regierung bereits vor Erlaß der Order in Council bereit erklärt, den U-Bootskrieg wieder einzustellen, wenn auch England einige der fundamentalsten Grundsätze des Völkerrechts wieder beachten würde. Es hing mithin nur von der englischen Regierung ab, die Voraussetzungen für eine Repressalie zu beseitigen. Das tat sie aber nicht, denn sie lehnte den auf die deutsche Bereiterklärung zur Einstellung des U-Bootkrieges folgenden Vorschlag der Regierung der Vereinigten Staaten ab. Daraus folgt aber notwendig, daß der mit der Order in Council verfolgte Zweck nicht der gewesen sein kann, den angeblichen Rechtsbrecher zur Aufgabe seines angeblichen Rechtsbruches zu zwingen. Der deutsche U-Bootskrieg wurde vielmehr nur als Vorwand benutzt, um Maßnahmen zur Anwendung zu bringen, die ohne diesen Vorwand nicht hätten begründet werden können, von denen sich die englische Regierung aber, in Erinnerung an die eigene Kriegführung vergangener Zeiten, Erfolg für die Niederringung des Gegners versprach. Sie war nur ein Glied wenn auch das wichtigste Glied in der Kette der Maßnahmen, die dazu dienten, das englische Kriegsziel, die Vernichtung der deutschen Volkskraft und der deutschen Wirtschaft, zu erreichen. Die Erreichung dieses Zieles mit den bisher angewandten Mitteln war unwahrscheinlich, sicher schien sie nur bei völliger Absperrung aller Einfuhr und Ausfuhr sowie Unterbindung und Vernichtung aller wirtschaftlichen Betätigung Deutschlands im Auslande. So war die Order in Council Selbstzweck, nicht diente sie dem Zweck, Deutschland von der Führung des U-Bootskrieges abzubringen. Nur so ist der Zweck der Order in Council auch in England selbst aufgefaßt worden, wie „The Times History of the war“, Vol. 7, S. 390, ergibt. Nachdem dort berichtet ist, daß trotz aller Bestimmungen doch noch Zufuhren nach Deutschland gelangten, wird fortgefahren:

> „a pure contraband policy was inadequate **and it happened not altogether unfortunately** that the reckless German undersea policy made reprisals legally possible and brought about the famous Order in Council of March 11, 1915“.

---

[1]) Wie weit die englische Praxis in dieser Beziehung ging, zeigt das Beispiel der Bunkerkohle auf neutralen Schiffen. War sie deutschen Ursprungs, so fiel sie unter die Bestimmungen der Order in Council. Diese erstreckten sich also nicht nur auf Güter, die zur Ausfuhr über neutrales Land nach anderen neutralen Ländern bestimmt waren. Ebenso fielen unter die Bestimmungen der Order in Council solche neutralen Güter, die nur **teilweise** aus Stoffen hergestellt waren, die aus Deutschland stammten.

## 9.

## Order in Council vom 11. März 1915 und die neutralen Staaten.

Gegen die Bestimmungen der Order in Council vom 11. März 1915 haben fast sämtliche neutrale Staaten schärfsten Einspruch erhoben, jedoch sämtlich ohne irgendwelchen Erfolg. In den Protesten wurde in überzeugender Weise dargelegt, wie sehr die Bestimmungen der Order in Council mit allen Grundsätzen des Völkerrechts in Widerspruch standen, und welch' unerhörten Eingriff in die Souveränität der neutralen Staaten sie darstellte. So schrieb die Regierung der Vereinigten Staaten in ihrer Protestnote vom 30. März 1915:

„**The Order in Council of the 11th of March would constitute, were its provisions to be actually carried into effect as they stand, a practical assertion of unlimited belligerent rights over neutral commerce within the whole European area, and an almost unqualified denial of the sovereign rights of the nations now at peace.....** moreover the rules of the Declaration of Paris of 1856, among them, that free ships make free goods, will hardly at this day be disputed by the Signatories of that solemn agreement..... and no claim on the part of Great Britain of any justification for interfering with the clear rights of the United States and its citizens as neutrals could be admitted. **To admit it would be to assume an attitude of unneutrality toward the present enemies of Great Britain which would be obviously inconsistant with the solemn obligations of this Government in the present circumstances.**"

Diesen Worten etwas hinzuzufügen, hieße ihre Wirkung verringern. Durch Proteste aber ließ sich die englische Regierung wie früher, so auch jetzt, nicht in ihrem Vorhaben beirren. Rücksichtslos setzte sie vielmehr und, — wie immer — ihr folgend die französische Regierung, ihr angekündigtes Vorhaben durch.

Auf den amerikanischen Protest antwortete sie überhaupt erst am 24. Juli 1915, also erst volle 4 Monate später. Die Antwort lautete ablehnend, die Bestimmungen der Order in Council wurden unverändert weiter durchgeführt. Am 5. November 1915, nachdem also die Bestimmungen der Order volle acht Monate hatten durchgeführt werden können, protestierte die Regierung der Vereinigten Staaten abermals. Die Unrechtmäßigkeit des englischen Vorgehens wurde nochmals in ausführlicher und nicht zu widerlegender Weise dargetan. Beigefügt war eine lange Liste von Schiffen, die von England in der Zwischenzeit und trotz des amerikanischen Protestes, festgehalten worden waren.

Die Note gipfelt in folgenden Feststellungen:

„Before closing this note, in which frequent reference is made to contraband traffic and contraband articles, it is necessary, in order to avoid possible misconstruction, that it should be clearly understood by His Majesty's Government that there is no intention in this discussion to commit the Government of the United States to a policy of waiving any objection which it may entertain as to the propriety and right ot the British Government to include in their list of contraband of war certain articles which have been so included. The United States Government reserves the right to make this matter the subject of a communication to His Majesty's Government on a later day[1]).

I believe it has been conclusively shown that the methods sought to be employed by Great Britain to obtain and use evidence of enemy destination of cargoes bound for neutral ports and to impose a contraband character upon such cargoes are without justification; **that the blockade, upon which such methods are partly founded, is ineffective, illegal and indefensible**; that the judicial procedure offered as a means of reparation for an international injury is inherently defective for the purpose; and that in many cases jurisdiction is asserted in violation of the **law of the nations. The United States, therefore, cannot submit to the curtailment of its neutral rights by these measures which are admittedly retaliatory, and therefore illegal, in conception and in nature,** and intended to punish the enemies of Great Britain for alleged illegalities on their part. The United States might not be in a position to object to them if its interest and the interest of all neutrals were unaffected by them, but, being affected, **it cannot with complacence suffer further subordination of its rights and interests to the plea that the exceptional geographic position of the enemies of Great Britain require or justify oppressive and illegal practices.**

The Government of the United States desires therefore, to impress most earnestly upon His Majesty's Government that it must insist that the relation between it and His Majesty's Government be governed, not by a policy of expediency, but by those established rules of international conduct upon which Great Britain in the past has held the United States to account, when the latter nation was a belligerent engaged in a struggle for national existence. **It is of the highest importance to neutrals not only of the present day, but of the future, that the principles of international right be maintained unimpaired.**

This task of championing the integrity of neutral rights, which have received the sanction of the civilised world against the lawless conduct of belligerents arising out of the bitterness of the great conflict which is now wasting the countries of Europe, the United States unhesitatingly assumes, and to the accomplishment of that task it will devote its energies, exercising always that impartiality which from the outbreak of the war it has sought to exercise in its relations with the warring nations."

---

[1]) Wie bereits oben bemerkt, ist dieser Protest nie erfolgt.

Fünf Monate ließ die englische Regierung selbst diesen Protest liegen, ehe sie ihn beantwortete. Die Antwort vom 24. April 1916 wies den Protest zurück. Und wie bisher, so blieb es auch weiter bei der rücksichtslosesten Durchführung der in der Order in Council vom 11. März 1915 angekündigten Maßnahmen. Die Regierung der Vereinigten Staaten hat bis zum Abbruch der Beziehungen zu Deutschland im Februar 1917 keinen weiteren Einspruch erhoben.

So konnte die sogenannte Blockade von Anfang März 1915 bis zum Februar 1917, also fast volle 2 Jahre, uneingeschränkt durchgeführt werden, und das, trotzdem die amerikanische Regierung bereits in ihrer Note vom 30. März 1915 geschrieben hatte:

> „**To admit it would be to assume an attitude of unneutrality** toward the present enemies of Great Britain which would be obviously inconsistent with the solemn obligations of this Government.“

Auch fand die amerikanische Regierung gegen Englands erbarmungslosen Aushungerungskrieg niemals solche Worte, wie sie dieselbe Regierung in einer Note Sherman's vom 26. Juni 1897 gegen die Spanier fand, die Kuba auszuhungern versuchten, und die lauteten:

> „Against this deliberate infliction of suffering on innocent noncombattants, against such resort to instrumentalities condemned by the voice of human civilisation, the president is constrained to protest in the name of the American people **and in the name of common humanity.**“

## 10.

## Verschärfung der englischen „sogenannten Blockade“ durch Erweiterungen der Listen der Gegenstände absoluter Konterbande und Aufhebung des Art. 57 der Londoner Erklärung.

Aber es war nicht nur das Blockaderecht, das England und mit ihm seine Verbündeten durch Willkür ersetzten. Dasselbe geschah auf allen anderen Gebieten des Völkerrechts.

Insbesondere wurde die Liste der Gegenstände der absoluten Konterbande fortgesetzt erweitert. Am 23. Dezember 1914 war die Liste der absoluten Konterbande auf 29 Nummern gebracht worden; sie enthielt u. a. zahlreiche Metalle und Erze; durch Order in Council vom 11. März 1915 wurden der Liste der absoluten Konterbande Wolle, Zinn und Schmierstoffe hinzugefügt. Andere Erweiterungen erfolgten am 27. Mai und 20. August, an welchen Tagen Baumwolle und sogar Baumwollgewebe als absolute Konterbande erklärt wurden! Baumwolle wurde in Deutschland überhaupt nicht zu Kriegszwecken gebraucht, sie fand, abgesehen von der Textilindustrie, nur für Krankenpflege Verwendung. Durch Order in Council vom 14. Oktober 1915 wurden abermals die Listen erweitert. Die Liste der absoluten Konterbande enthielt nun unter 42 Nummern fast alle Stoffe, die, ausgenommen Lebensmittel, die noch auf der Liste der relativen Konterbande verblieben, für die menschliche Lebensführung in Betracht kamen. In dieser Liste noch nach dem Grundsatz zu suchen, daß absolute Konterbande nur diejenigen Stoffe sind, die **ausschließlich** für den Krieg verwendbar sind, ist ein vergebliches Bemühen. Am 27. Januar 1916 und 12. April 1916 erschienen abermals Erweiterungen, u. a. wurde selbst Seife absolute Konterbande.

Endlich, am 13. April 1916, fiel die letzte Maske. England veröffentlichte nunmehr eine **alphabetische Liste aller Konterbandegegenstände und fügte als Erläuterung hinzu, daß der Unterschied zwischen absoluter und relativer Konterbande praktisch beseitigt sei.** Damit sprach die englische Regierung endlich das öffentlich aus, was vom ersten Tage des Krieges an bereits gewesen war, nämlich daß die englischen Orders in Council vom 20. August und 29. Oktober 1914 jeden Unterschied zwischen den beiden Kategorien von Konterbande beseitigt hatten.[1])

Aber selbst diese alphabetische Liste erfuhr noch Erweiterungen am 27. Juni, 3. Oktober und 23. November 1916. Die Liste enthielt nunmehr ungefähr 230 Punkte. Praktisch gab es also nichts mehr, was nicht Konterbande war. Stand es nicht auf der Liste, so erklärte es der englische Prisenrichter für Konterbande, wie zum Beispiel von ihm entschieden wurde, daß Häute und Därme, die zur Wurstfabrikation brauchbar wären, Lebensmittel seien.

Inzwischen war aber noch eine Order in Council erlassen worden, die für den Handel der Neutralen nächst der sogenannten Blockade vom 11. März 1915 von einschneidendster Bedeutung war. Dies war die Order in Council vom 20. Oktober 1915, durch welche der Art. 57 Abs. I der Londoner Erklärung aufgehoben wurde. Nach dieser Bestimmung war die feindliche Eigenschaft eines Schiffes durch die Flagge bestimmt, zu deren Führung es berechtigt ist. An Stelle dieser Vorschrift sollte nunmehr wieder das früher vor den britischen Prisengerichten geltend gewesene Recht treten. Dieses frühere Recht war noch auf der Londoner Konferenz der englischen Regierung so sehr als Unrecht erschienen, daß Sir Edward Grey den britischen Bevollmächtigten anwies, einer Änderung zuzustimmen, **weil das alte Recht in seiner Anwendung zur Absurdität führe!** Jetzt wurde dieser Fortschritt wieder beseitigt, mit der Begründung, „es sei nicht länger zweckmäßig“, an dem erwähnten Artikel der Londoner Erklärung festzuhalten.

Was diese Order in Council bedeutete, ist daraus zu ersehen, daß nunmehr z. B. kein neutrales, einer juristischen Person gehörendes

[1]) Portugal und Italien haben den Unterschied zwischen absoluter und relativer Konterbande auch formell beseitigt. Vergl. portugiesisches Dekret vom 14. August 1916 und italienische Verordnung vom 25. März 1917.

Schiff vor der Wegnahme sicher war, wenn auch nur eine Aktie im Eigentum eines feindlichen Staatsangehörigen stand. Wieder war somit ein gewaltiger Schritt vorwärts auf dem Wege getan, die neutrale Handelsflotte der Kontrolle der englischen Seekriegführung zu unterstellen.

## 11.
## Resultate der „sogenannten Blockade“ nach dem „Whitepaper“ vom 5. Januar 1916.

Die Folgen, die die sogenannte Blockade für das Wirtschaftsleben Deutschlands und der neutralen Staaten bereits im ersten Jahre ihrer Durchführung hatte, waren außerordentlich groß. Sie im einzelnen aufzuzählen, würde den Zweck dieser Ausführungen überschreiten. Es muß daher genügen, einen Auszug aus einem Whitepaper der englischen Regierung vom 5. Januar 1916 zu geben. Dieses Whitepaper, das mit brutaler Offenheit zeigt, wie unbeirrt durch alle rechtlichen Erwägungen — Mr. Asquith hat bekanntlich im Unterhaus öffentlich verkündet, daß sich England durch juridical niceties nicht werde behindern lassen — England sein Ziel verfolgt hat. Es zeigt aber auch, daß England nicht im entferntesten die Absicht hatte, auf den zwei Monate früher erfolgten ernsten Protest der Regierung der Vereinigten Staaten vom 5. November 1915 einzugehen, denn es erklärte, an der weiteren Durchführung der sogenannten Blockade festhalten und zu diesem Zweck selbst die neutralen Staaten auf Rationen setzen zu wollen.

Das Whitepaper gibt zunächst einen Überblick über das Recht, wie es bis zum Erlaß der Order in Council vom 11. März 1915 in Geltung gewesen sei. Nicht mitgeteilt wird dagegen, in welcher Art und Weise die Praxis verfahren ist. Um so ausführlicher werden die Durchführung der sogenannten Blockade und die durch sie erreichten Erfolge dargelegt.

Festgestellt wird vor allem, daß der deutsche Ausfuhrhandel nach Übersee völlig unterbunden sei. Der Einfuhrhandel nach den an Deutschland angrenzenden neutralen Ländern werde sorgfältig unter Kontrolle genommen mit der Absicht, herauszufinden, ob irgendein Gegenstand für Deutschland bestimmt sein könne. Wenn immer ein genügender Grund sei, solche Bestimmung zu vermuten, werde die Ware dem Prisengericht übergeben. Genügender Grund für eine solche Vermutung liege aber immer vor, wenn die Ware nicht an eine der neutralen Einfuhr- bzw. Kontrollgesellschaften[1]) konsigniert

[1]) In Holland der Nederlandsche Overzee Trust (N. O. T.), in Dänemark die „Grosserer-Societät“ und der „Industrierat“, in Schweden die Aktiengesellschaft „Transito“, deren Wirken die schwedische Regierung aber nach Möglichkeit zu verhindern suchte, in der Schweiz die Société Suisse de Surveillance économique (S. S. S.). In Norwegen war die Gründung besonderer Organisationen nicht nötig, da dort der englische Gesandte das Wirtschaftsleben ganz offen kontrollierte.

sei, die auf den Druck der englischen Regierung in den neutralen Ländern gegründet worden waren, oder wenn diese Gesellschaften nicht genügende Garantien gegeben hätten, oder auch, wenn die Einfuhr ohne die notwendige englische Einwilligung erfolge. Andere Waren, bei denen hinsichtlich der Konsignation Zweifel beständen, würden zurückgehalten, bis die nötigen Garantien herbeigeschafft seien. Mit den erwähnten Einfuhr- bezw. Kontrollgesellschaften seien auch Verträge zustande gekommen, die den Zweck verfolgten, den Handel des neutralen Landes nach Deutschland mit **eigenen** sowohl **als mit den aus Übersee eingeführten Produkten** zu verhindern. Schiffahrtsgesellschaften seien dadurch, daß das Einbringen ihrer Schiffe in englische Häfen für sie sehr verlustbringend gewesen, und dadurch, daß ihnen in englischen Häfen Bunkerkohle verweigert worden sei, gezwungen worden, Verträge einzugehen, die es verhinderten, daß irgendwelche auf Schiffen dieser Schiffahrtsgesellschaften beförderten Güter oder aus ihnen hergestellte Produkte nach Deutschland weitergingen. Auch sei es erreicht worden, daß alle Schiffe dieser Gesellschaften ohne weiteres englische Häfen zur Kontrolle anliefen, daß viele dieser Gesellschaften ihren Schiffsverkehr nach Deutschland eingestellt hätten, und daß, bevor irgendwelche Güter zur Verschiffung angenommen würden, bei der englischen Regierung angefragt würde, ob irgendwelche Schwierigkeiten zu erwarten seien. Vor allem aber werde die Absicht verfolgt, und sie sei schon in weitem Maße erreicht, ein System der Rationierung der neutralen Staaten einzuführen, wodurch verhindert werde, daß in die neutralen Staaten nicht mehr Güter eingeführt würden, als für den eigenen Konsum nötig seien.

Soweit das Whitepaper. In Wirklichkeit hat man aber den Neutralen nicht einmal die für den eigenen Konsum notwendige Einfuhr in vollem Umfange gestattet, sondern hat sie im Durchschnitt um 33 % gegenüber derjenigen des Jahres 1913 gekürzt[1]). Die Folge war, daß die europäischen neutralen Staaten schließlich nicht mehr genügende Mengen Lebensmittel erhalten konnten, um die Ernährung ihrer Völker in derjenigen Weise durchzuführen, wie dies in Friedenszeiten der Fall war, und daß sie deshalb selbst zur Rationierung schreiten mußten.

---

[1]) Dies hat die englische Regierung, wie in den Times vom 1. Novbr. 18 mitgeteilt wurde, in einer schriftlichen Antwort auf eine Anfrage selbst festgestellt. Die Notiz lautet:

„Sir L. Worthington Evans, in a written answer to Sir Richard Cooper, says:— A proper understanding of the effects of the blockade can be obtained by comparing the imports into neutral countries adjoining the enemy retained for home consumption in 1913 with similar imports from all countries in 1917. Such a comparison shows that on the average the imports have been reduced by about 33 per cent."

## 12.
## Order in Council vom 30. März 1916; Aufhebung des Art. 19 der Londoner Erklärung.

Das Erreichte befriedigte die englische Regierung aber anscheinend noch nicht. Sie glaubte wohl, die Rationierung auf Grund der bisherigen Bestimmungen nicht in vollem Umfange durchführen zu können, und so verschaffte sie sich gegenüber dem neutralen Handel noch neue Machtmittel.

Am 30. März 1916 erschien eine neue Order in Council. Wie bereits erwähnt, war durch die Order in Council vom 29. Oktober 1914 das Recht der Londoner Erklärung, soweit es sich auf die Blockade bezieht, mithin auch der Artikel 19, anerkannt worden. Der Artikel 19 der Londoner Erklärung lautet:

„Ein die Beschlagnahme des Schiffes rechtfertigender Blockadebruch ist nicht als vorliegend anzunehmen, wenn sich das Schiff derzeit auf der Fahrt nach einem nicht blockierten Hafen befindet, wie auch immer die spätere Bestimmung von Schiff oder Ladung sein mag.“

Durch diese Bestimmung ist der Grundsatz der fortgesetzten Reise für die Blockade beseitigt worden. Bereits oben ist bemerkt, daß diese Bestimmung insbesondere dem damaligen Standpunkt der englischen Regierung entsprach. Jetzt wurde die Bestimmung wieder aufgehoben und zwar mit der Begründung, **es sei nicht länger zweckmäßig**, an ihr festzuhalten.

Da nun keine Blockade erklärt war, ist es zweifelhaft, was mit dieser neuen Bestimmung bezweckt war. Eines aber wurde jedenfalls mit ihr erreicht. Das war eine neue Beunruhigung der neutralen Schiffahrt, die glaubte, mit dieser Bestimmung sei die von der englischen Presse schon lange geforderte verschärfte Blockade eingeführt worden und die erwartete, daß nunmehr Schiffe und ihre Ladung unter der Behauptung des Blockadebruches kondemniert werden könnten.

Die Order enthielt ferner folgende Bestimmungen:

1. Durch keine Bestimmung der Order in Council vom 29. Oktober 1914 sei eine Einschränkung des Rechtes beabsichtigt gewesen, Güter relativer Konterbande zu beschlagnahmen, die auf dem Wege zum Feinde in einem neutralen Lande umgeladen werden mußten, oder die durch Landtransport dorthin gelangen sollten.
2. Es soll bei Konterbande die Vermutung feindlicher Bestimmung auch dann vorliegen, wenn deren Empfänger Personen sind, die während des gegenwärtigen Krieges eingeführte Konterbande-Gegenstände nach Feindesland weiterbefördert haben. Gleichzeitig wird bestimmt, daß die Vermutung feindlicher Bestimmung bei Verschiffung von Konterbande an einen Agenten des feindlichen Staates, oder „an Order“ usw. nicht nur bei relativer,

sondern auch bei absoluter Konterbande angenommen werden soll. Und schließlich folgt die Anordnung, daß in allen diesen Fällen den Eigentümern der Waren die Beweislast obliegen soll.

Durch diese neuen Bestimmungen ist der Unterschied zwischen absoluter und relativer Konterbande, der in Wirklichkeit in der Praxis schon seit Ausbruch des Krieges nicht mehr bestand, wie dies ja auch die am 13. April 1916 veröffentlichte, bereits erwähnte alphabetische Konterbandeliste zeigt, auch kraft besonderer Bestimmung beseitigt worden. Zweck der Order in Council war deshalb offensichtlich der, die Rechtsbestimmungen mit der Praxis in Übereinstimmung zu bringen. Vor allem aber zeigt die Bestimmung, nach welcher Vermutung feindlicher Bestimmung bei Versendung an Personen angenommen werden soll, die während des Krieges eingeführte Konterbande-Gegenstände nach feindlichem Land weiterbefördert haben, die Tendenz aller englischen Maßnahmen besonders deutlich. Diese Tendenz ist, durch Strafbestimmungen einen solchen Druck auf den neutralen Handel auszuüben, daß er sich aus Furcht vor Strafe den englischen Maßnahmen unbedingt fügt. Das aber geht weit über die dem Kriegführenden nach Konterbandegrundsätzen zustehende Befugnis hinaus, denn diese gestatten die Wegnahme von Konterbandegegenständen nur dann, wenn sie für den Feind bestimmt sind, nicht aber als Strafe für früheren Konterbandehandel.

## 13.

## Beseitigung der Londoner Erklärung durch Order in Council vom 7. Juli 1916.

**Alle diese Anordnungen erfolgten aber immer noch unter der Aufrechterhaltung der Fiktion, England halte an dem Rechte der Londoner Erklärung, abgesehen von den in den einzelnen Orders in Council erfolgten „additions and modifications", fest.** Doch ließ sich diese Fiktion schließlich nicht mehr aufrecht erhalten, und so wurde sie denn endlich durch die Order in Council vom 7. Juli 1916 fallen gelassen. Die englische, und gleichzeitig mit ihr die französische, Regierung trat nunmehr von der im August und Oktober 1914 gegebenen Zusicherung, sich an das Recht der Londoner Erklärung grundsätzlich halten zu wollen, zurück. An Stelle aller bisher erlassenen Bestimmungen treten nunmehr folgende:

a) Die für die Einziehung von Konterbandegegenständen erforderliche **feindliche Bestimmung** soll bis zum Beweis des Gegenteils **vermutet** werden, wenn die Güter konsigniert sind:

an oder für eine feindliche Behörde oder einen Agenten des feindlichen Staates; oder

an oder für eine Person im feindlichen oder im Besetzungsgebiet; oder an oder für eine Person, die während des gegenwärtigen Krieges Konterbandegüter an eine feindliche Behörde oder einen feindlichen Agenten oder an oder für eine Person im feindlichen oder Besetzungsgebiet weiterbefördert hat; oder

„an Order"; oder

wenn die Schiffspapiere den wahren Empfänger der Güter nicht ausweisen.

b) Der Grundsatz der fortgesetzten Reise soll sowohl auf die Bestimmungen des Begriffs der Konterbande wie auf den Fall der Feststellung des Vorliegens eines Blockadebruchs anwendbar sein.

c) Ein neutrales Schiff, das Konterbande mit Schiffspapieren führt, die einen neutralen Bestimmungsort aufweisen, und das trotzdem sich nach einem feindlichen Hafen begibt, kann auch dann noch genommen und eingezogen werden, wenn es vor Beendigung der nächsten Reise betroffen wird.

Mit dieser Order in Council war endlich die Sachlage geklärt. Mit Völkerrecht hatten diese Bestimmungen nur wenig zu tun. Es gilt für sie vielmehr alles das, was bereits zu den einzelnen Orders in Council bemerkt worden ist, denn gegenüber deren Bestimmungen bestand kein sachlicher Unterschied.

England gelang es denn auch nicht, mit der in der Präambel der Order in Council aufgestellten Behauptung, die Regeln ständen in strikter Übereinstimmung mit dem Völkerrecht, Glauben zu finden. Antwortete ihr doch die holländische Regierung am 2. August 1916:

„Pour le reste, le nouvel Ordre sanctionne, en toutes lettres, la pratique déjà suivie sous la vigueur des Ordres précédents et **d'après laquelle la distinction faite entre le traitement de la contrabande conditionelle et celui de la contrabande absolue est complètement éliminée.** Or, d'après les règles anciennement reconnues du droit des gens, la contrabande conditionelle n'est saisissable que sur le navire qui fait route vers un territoire appartenant à ou occupé par l'ennemi ou vers ses forces armées et seulement dans le cas, où elle est destinée aux forces armées ou au Gouvernement d'un Etat belligérant.

**En vue de ce qui précède, le Gouvernement Néederlandais ne saurait partager l'opinion au Gouvernement Britannique que le nouvel Ordre est en stricte conformité avec le droit des gens.**"

Diese Stellungnahme der holländischen Regierung wird erst recht verständlich, wenn man das französische Dekret vom 7. Juli, das ebenfalls die Londoner Erklärung aufhebt, betrachtet. Dieses bestimmt nämlich, daß, wenn über die Hälfte der Ladung eines Schiffes aus Konterbande besteht, nicht nur das Schiff, sondern auch die Freigut-Ladung verfallen soll[1]). Die französische Regierung hat hierauf zwar

[1]) Artikel 2 des französischen Dekretes lautet:

„Lorsque les marchandises de contrebande de guerre saisies sur un navire forment, par leur valeur, leur poids, leur volume ou leur frêt, plus de la moitié de la cargaison, le navire et la cargaison entière sont sujets à confiscation."

am 7. August 1916 geantwortet, daß dies nicht die Absicht ihres Dekrets vom 7. Juli 1916 sei. Das vermag aber nichts daran zu ändern, daß dieses Dekret die Konfiskation der Freigutladung ausdrücklich ausspricht.

## 14.
## Sonstige Maßnahmen der englischen Handelskriegführung.

Wie auf dem Gebiete des Seehandels, so kannten England und ihm folgend seine Verbündeten auch auf allen anderen Gebieten des wirtschaftlichen Lebens keine andere Grenze als die ihm durch seine Interessen gebotene. Diese aber forderten die völlige Vernichtung jeder wirtschaftlichen Betätigung, an der deutsche Interessen beteiligt sein konnten.

Vor allen Dingen wurde schon früh im Kriege der deutsche Postverkehr unter Kontrolle genommen. Allein in den Monaten Januar bis September 1916 wurden rund 24000 Briefpostsäcke aus und 16800 Säcke nach Deutschland weggenommen. Ähnlich erging es dem neutralen Postverkehr[1]). Neutrale Postdampfer wurden in englische Häfen stets eingebracht. Dort wurde sämtliche Post von Bord genommen und untersucht. Proteste der Neutralen, auch der Regierung der Vereinigten Staaten, hatten gegenüber diesem Postraub, der nicht an letzter Stelle darauf ausging, die aufgefangene Post im Interesse des britischen Handels auszunutzen, keinen Erfolg. Im Gegenteil wurden sogar Poststücke mit den amtlichen Verschlüssen neutraler Regierungen oder ihrer Vertreter weggenommen.

Maßlos wurden ferner die Bestimmungen über das Verbot des Handels mit dem Feinde erweitert. Ein Verbot des Handels mit dem Feinde steht schon an sich in Widerspruch zu dem Artikel 23h der Haager Landkriegsordnung[2]). Über diese Bestimmung aber setzte man sich hinweg, indem man erklärte, sie beträfe nur solche Länder, deren Recht ein Verbot des Handels mit dem Feinde nicht kenne, die also zum Zwecke seiner Einführung besondere Rechtsgrundlagen schaffen müßten. In England aber sei dieses Verbot ein integrierender Bestandteil bestehenden Rechtes, das ohne weiteres bei Ausbruch eines Krieges in Kraft trete. Es bedürfe also keiner besonderen Maßnahmen, um ein solches Verbot zu schaffen, daher sei in diesem Verbot auch keine Verletzung des Artikels 23h zu erblicken.

Die Kritik einer solchen Beweisführung ist unnötig.

---

[1]) Vgl. die Denkschrift der Britischen und Französischen Regierung vom 3. April 1916 an neutrale Regierungen über die Prüfung von Postpaketen und Postbriefen.

[2]) Vgl. II. H. C. A. IV vom 18. Okt. 1907, Anlage zum Abkommen IV. Art. 23, wonach untersagt ist:

„h) Die Aufhebung oder zeitweilige Außerkraftsetzung der Rechte und Forderungen von Angehörigen der Gegenpartei oder die Ausschließung ihrer Klagbarkeit."

Die Bestimmungen über das Verbot des Handels mit dem Feinde machten aber nicht einmal Halt vor der Souveränität der neutralen Staaten, denn sie griffen schließlich sogar in den Handel der Bürger eines neutralen Staates untereinander ein. Auf die nach diesen Bestimmungen aufgestellten schwarzen Listen wurden nämlich auch neutrale Personen in neutralem Land gesetzt, und es wurde angedroht, daß jeder Neutrale, der es wage, mit einer auf der schwarzen Liste stehenden Person Handel zu treiben, ebenfalls auf die schwarze Liste gesetzt werde. Eine auf der schwarzen Liste befindliche Person ist aber ebenso wie ein Deutscher, wie ein Feind, rechtlos. So unterliegen z. B. seine Sendungen der Beschlagnahme nach der Order in Council vom 11. März 1915. Ist er Schiffsreeder, so erhalten seine Schiffe in den englischen Häfen keine Kohlen, keine Nahrungsmittel, ja nicht einmal Trinkwasser; er erhält in britischen Gasthäusern keine Speisen, in britischen Hotels keine Wohnung, in britischen Apotheken keine Arzeneien.

Die Regierung der Vereinigten Staaten hat auch gegen diese Praxis vergeblich protestiert. In ihrer Note vom 31. Juli 1916 befindet sich folgender Satz:

> „Die Regierung der Vereinigten Staaten darf daran erinnern, daß die Bürger der Vereinigten Staaten ........ nur den genau bestimmten **internationalen Gebräuchen und Abmachungen unterworfen sind, von denen die Regierung der Vereinigten Staaten glaubt, daß sie die Regierung von Großbritannien nur zu oft und zu leicht mißachtet hat.**"

In diesem Zusammenhang darf schließlich das Vorgehen gegen deutsche Handelsunternehmungen in England und seinen Kolonien nicht unerwähnt bleiben. Diese Unternehmungen wurden nicht etwa nur unter Aufsicht gestellt, auch nicht nur liquidiert. Man ging weiter, man verbrannte nach erfolgter Liquidation sogar Geschäftsbücher und Papiere, ja selbst die Papiere, die sich auf die Liquidation bezogen!

So waren denn alle Grundsätze des Völkerrechts, die die Rechte der Neutralen in ihren Beziehungen zu den Kriegführenden regelten, restlos beseitigt.

Handel der Neutralen gab es nur noch, soweit er sich den Maßnahmen Englands und seiner Verbündeten voll und ganz fügte.

Deutschlands Feinde handelten durchaus nach dem Grundsatz, den Canning mit folgenden Worten gekennzeichnet hat:

> „I protest against the doctrine of half measures and forbearance in war, for where rigour has a tendency to decide the war, hesitation is cruelty."

Oder nach den Worten Lord Fishers:

> „If I am in command when war breaks out I shall issue in my orders:
>
> The essence of war is violence.
> Moderation in war is imbecility.
> Hit first, hit hard, and hit anywhere!"

## 15.
## Deutsche Seekriegführung bis zum Mai 1916 innerhalb des deutschen Kriegsgebietes.

Soweit die Seekriegführung Englands und seiner Verbündeten. Wie war inzwischen das Verhalten der deutschen Seekriegführung gewesen?

Der Vermittlungsvorschlag der Vereinigten Staaten vom 22. Februar 1915, der, wie bereits bekannt, die Absicht verfolgte, Deutschland zur Aufgabe des Unterseebootshandelskrieges im Sinne der Kriegsgebietserklärung zu veranlassen, wofür England zulassen sollte, daß Lebensmittel für die deutsche Zivilbevölkerung von Übersee nach Deutschland gelangen und dort unter Kontrolle der Regierung der Vereinigten Staaten an die Zivilbevölkerung ausgegeben werden sollten, war von England abgelehnt worden. Damit war jede Möglichkeit einer Verständigung abgeschnitten. Deutschland war nunmehr, da England auf Fortführung des Hungerkrieges bestand, gezwungen, die gleiche Waffe gegen England anzuwenden. Der U-Bootskrieg wurde im Sinne der Kriegsgebietserklärung begonnen. Deutsche U-Boote führten ihre Befehle, feindliche Schiffe zu vernichten, neutrale Schiffe zu schonen, aus. Kam ein neutrales Schiff trotz aller geübten Vorsicht unbeabsichtigt durch den Angriff eines deutschen U-Bootes zu Schaden, dann gab die deutsche Regierung sofort volle Genugtuung.

Um aber Verwechselungen, mit denen infolge des von der englischen Regierung angeordneten Flaggenmißbrauchs zu rechnen war, zu vermeiden, wurde den neutralen Regierungen vorgeschlagen, ihre Handelsschiffe durch Aufmalen besonderer Neutralitätsabzeichen auf die Bordwände und Beleuchtung dieser Abzeichen bei Nacht kenntlich zu machen. Außerdem schlug die deutsche Regierung den neutralen Staaten vor, ihre Schiffe nach den Grundsätzen des auch von England anerkannten Rechts der Londoner Erklärung konvoiieren zu lassen. Dieser Vorschlag scheiterte aber an der Weigerung der englischen Regierung, Konvois anzuerkennen.

Nach dem Lusitaniafall, der sich am 7. Mai 1915 ereignete, erließ die deutsche Regierung den Befehl, daß deutsche U-Boote außer neutralen Schiffen auch feindliche Passagierdampfer zu schonen hätten. Mitte September wurde dann durch einen geheimen Befehl die völlige Einstellung des U-Bootskrieges im Sinne der Kriegsgebietserklärung verfügt. Ende November wurde er teilweise und selbstverständlich unter Aufrechterhaltung aller früher verfügten Einschränkungen in einem engbegrenzten Gebiet wieder aufgenommen, das vorzüglich von Truppen- und Munitionstransportern befahren wurde. Jedoch sollte durch zeitweise Entsendung eines Bootes in andere Gebiete verhindert werden, daß der Befehl über die tatsächliche Einstellung des U-Bootkrieges bekannt wurde.

Ende des Jahres erhielt dann die deutsche Regierung durch Erbeutung von Befehlen den sichern Beweis, daß bewaffnete feindliche Fahrzeuge den Befehl hatten, von ihrer Waffe angriffsweisen Gebrauch zu machen. Daß dieser Befehl von der englischen Admiralität ausgegeben war, hatte während des ganzen verflossenen Jahres schon in vielen Fällen die Praxis feindlicher bewaffneter Handelsschiffe gezeigt. Die Auffindung des erwähnten Befehls zwang nunmehr die deutsche Regierung, die Folgerungen zu ziehen, die nach dem Völkerrecht aus solchem Verhalten gezogen werden dürfen. Nach Völkerrecht ist aber jedenfalls das Handelsschiff, das von seiner Waffe **angriffsweisen** Gebrauch macht, nicht mehr als Handelsschiff anzusehen. Darüber bestand und besteht kein Unterschied der Meinungen. Die deutsche Regierung gab deshalb am 8. Februar 1916 ein Weißbuch heraus, in dem die aufgefundenen Angriffsbefehle abgedruckt waren, und sie erklärte, daß fortan feindliche bewaffnete Handelsschiffe als Kriegführende behandelt werden würden. Trotzdem aber erhielten die U-Boote den Befehl, feindliche Passagierdampfer auch weiterhin zu schonen, selbst wenn sie bewaffnet sein sollten. Gleichzeitig wurde, da die englische „sogenannte Blockade" trotz der Proteste der Vereinigten Staaten ohne jede Einschränkung und in immer verschärfterer Form rücksichtslos durchgeführt wurde, auch der U-Bootskrieg in größerem Umfange wieder aufgenommen, wobei aber alle bereits früher erlassenen einschränkenden Befehle aufrechterhalten wurden.

Ungeachtet aller Vorsicht aber ließen sich Verwechselungen nicht vermeiden, und so fiel der Dampfer „Sussex" am 24. März 1916 einem deutschen Torpedo zum Opfer. Sobald kein Zweifel mehr bestehen konnte, daß der Dampfer „Sussex" von einem deutschen U-Boot angegriffen worden war, erließ die deutsche Regierung, und zwar bereits am 24. April 1916, den Befehl, fortan den U-Bootskrieg im Sinne der Kriegsgebietserklärung einzustellen und Handelskrieg nur noch nach allgemeinen völkerrechtlichen Grundsätzen und nach dem Recht der Prisenordnung zu führen. Dieser Befehl wurde der Regierung der Vereinigten Staaten mit der Note vom 4. Mai 1916 mitgeteilt.

**Bei diesem Befehl blieb es bis zum Februar 1917**, abgesehen von gewissen Einschränkungen, die im Laufe der folgenden Monate noch befohlen wurden.

## 16.

## Deutsche Seekriegführung außerhalb des deutschen Kriegsgebietes.

Aber auch außerhalb des Kriegsgebietes wurde Handelskrieg geführt. Hierfür galten aber die Grundsätze des allgemein anerkannten Völkerrechts und die Bestimmungen der deutschen Prisenordnung, die allerdings im Laufe der Zeit Abänderungen erfahren hatte.

Diese Abänderungen waren notwendig geworden als Vergeltung gegenüber dem Vorgehen der Entente-Mächte. Deutschland konnte es billigerweise nicht zugemutet werden, daß es bei einem Recht verharrte, das Deutschlands Gegner seit Kriegsbeginn außer acht gelassen hatten.

So waren durch Verordnung vom 18. April 1915 die hauptsächlichsten, von England **bereits im August, und Oktober 1914** erlassenen Bestimmungen über Konterbande übernommen und gleichzeitig waren die Listen der Konterbande-Gegenstände entsprechend erweitert worden. Abgesehen davon, daß durch Verordnung vom 3. Juni 1916 die Liste der relativen Konterbande durch Hinzufügung eines Gegenstandes erweitert worden war, wurde dann aber an der deutschen Prisenordnung bis zum **22. Juli 1916** nichts geändert. Aber auch jetzt noch wurde an der Londoner Erklärung, die auch später niemals von Deutschland aufgegeben worden ist, grundsätzlich festgehalten, obwohl sie England und seine Verbündeten bereits am 7. Juli 1916 über Bord geworfen hatten. Die deutsche Verordnung beschränkt sich vielmehr, abgesehen von der Erweiterung der Konterbandelisten, darauf, die von England bereits am 31. März 1916 verfügten Maßregeln zu übernehmen.

# III.
# Zeitabschnitt von Ende April 1916 bis 1. Februar 1917.

## 1.
## Einstellung des U-Bootskrieges; die englische sogenannte Blockade bleibt bestehen.

**Seit dem 24. April 1916 war somit Deutschlands Seekriegführung auf die Anwendung der Grundsätze seiner Prisenordnung und des Völkerrechts England gegenüber in allen Seegebieten beschränkt.** Deutschland mußte, trotzdem es um seine Existenz rang, eine Waffe ungenutzt lassen, die ihm allein die Möglichkeit gab, Englands unmenschlichen und von allen neutralen Nationen, an der Spitze die Vereinigten Staaten, als ungesetzlich gekennzeichneten Hungerkrieg zu erwidern, und so die gegen Deutschland verhängte Sperre zu brechen. Es hatte verzichtet, weil es erwartete, daß auch Deutschlands Gegner gezwungen werden würden, zu den Regeln einer Kriegführung zurückzukehren, die vor dem Kriege als Völkerrecht **selbst von England** anerkannt und stets verfochten worden waren. **Es war zu dieser Erwartung umsomehr berechtigt, als die Vereinigten Staaten in der Note vom 23. Juli 1915 Deutschland gegenüber ausdrücklich betont hatten, daß sie fortfahren würden, für die Grundsätze des Völkerrechts um jeden Preis und ohne Kompromiß zu kämpfen, von welcher Seite sie auch immer verletzt werden sollten.**

Die Erwartung wurde getäuscht. Die englische Hungerblockade blieb bestehen. Sie war zwar nur als Repressalie gegen den deutschen U-Bootskrieg eingeführt worden. Die Regierung der Vereinigten Staaten hatte sie daher auch noch in ihrer Note vom 5. November 1915 wie folgt gekennzeichnet:

> „The United States, therefore, cannot submit to the curtailment of its neutral rights by these measures which are admittedly retaliatory and therefore illegal, in conception and in nature, and intended to punish the enemies of Great Britain for alleged illegalities on their part.“

**Die Hungerblockade hätte also, als eine Repressalie, von selbst in dem Augenblick wegfallen müssen, in dem der vorgeschützte Grund zur Repressalie, der deutsche U-Bootskrieg, wegfiel, also spätestens nach dem 4. Mai 1916.** Nichts von dem geschah. Sie blieb bestehen, mitsamt dem englischen Kriegsgebiet in der Nordsee. Das zeigt eine Note der holländischen Regierung vom 26. Juli 1916, in der sie sich bei der britischen Regierung darüber beschwerte, daß die englische Admiralität den Befehl gegeben hatte, jedes holländische Fischerfahrzeug, **das in dem gesperrten Gebiet angetroffen wurde,** einzubringen.

Konnte schon aus den Vorgängen vor der Verkündigung der Order in Council vom 11. März 1915 der Beweis geführt werden, daß sie Selbstzweck war, so ist dieser Beweis dadurch, daß die Hungerblockade nach der Einstellung des U-Bootskrieges nicht in Fortfall kam, unwiderlegbar geworden. Die Ankündigung des U-Bootskrieges ist nur der Vorwand gewesen, um die völkerrechtswidrige Absperrung Deutschlands zu begründen, um die Rechte der Neutralen beiseite zu setzen. Da der Zweck der Absperrung noch nicht erreicht war, blieb sie bestehen, obgleich der für ihre Einführung angegebene Grund weggefallen war.

## 2.
## U-Bootskrieg der Entente-Mächte.

Daneben führten England und seine Verbündeten aber auch selbst regelrechten U-Bootskrieg, der sich von dem deutschen U-Bootskrieg nur dadurch unterschied, daß er nicht in bestimmtem Gebiet, vor dessen Befahren vorher gewarnt worden war, geführt wurde, und daß er sich wahllos gegen Frachtdampfer, kleine Küstenfischer, Passagierdampfer und Lazarettschiffe richtete.

So wurden beispielsweise in den Dardanellen und im Marmarameer ohne Warnung von englischen U-Booten angegriffen bezw. versenkt: am 12. Mai 1915 der Frachtdampfer „Ittihad", am 18. Mai 1915 der Passagierdampfer „Dogan", der 700 Passagiere, darunter viele Frauen und Kinder, an Bord hatte[1]), am 25. und 31. Mai 1915 die Frachtdampfer „Stambul" und „Madelaine Rickmers", am 1. Juni der als Verwundetentransportschiff kenntlich gemachte Dampfer „Willi Rickmers" und am 13. Juli ein Schleppdampfer, der eine Galeasse, die mit Passagieren besetzt war, schleppte.

Sämtliche Fahrzeuge dienten keinerlei militärischen Zwecken.

In gleicher Weise gingen feindliche U-Boote im Adriatischen Meer vor. In zwei Noten vom 20. April und 12. Juli 1916 teilte die österreichisch-ungarische Regierung die einzelnen Fälle den neutralen Regierungen mit. Hiernach ist der Passagierdampfer „Daniel-Ernö" am 13. Februar und am 5. April 1916 warnungslos angegriffen worden. Das gleiche geschah dem Passagierdampfer „Zagreb" am 28. Februar 1916, während er am 14. Januar 1917 einem Torpedo zum Opfer fiel; es konnten nur 10 Personen gerettet werden, unter den Vermißten

---

[1]) Am 7. Mai 1915 war die „Lusitania" versenkt worden.

waren drei Frauen. Das Lazarettschiff „Elektra" ist am 18. März 1916 gleichfalls ohne Warnung torpediert worden. Tote und Verwundete, dabei Krankenschwestern, waren zu beklagen. Die italienische Regierung suchte die Torpedierung dadurch zu entschuldigen, daß sie angab, es hätten außergewöhnliche Lichtverhältnisse geherrscht. Sei dem, wie ihm wolle; jedenfalls ergibt sich aus diesem Rechtfertigungsversuch, daß feindliche U-Boote den Befehl zu warnungslosem Angriff hatten. Weiter wurden am 9. Mai 1916 der Passagierdampfer „Dubrovnik", und am 4. Juli 1916 der Frachtdampfer „Albanien" durch Torpedoschuß ohne vorherige Warnung versenkt. Im ersten Fall fielen 4 Leute der Besatzung, 4 Fahrgäste und 3 Frauen zum Opfer, im anderen Falle 3 Besatzungsmitglieder. Endlich wurde am 1. Juni 1916 der Küstendampfer „Biocovo" zweimal durch Torpedoschuß warnungslos angegriffen.

Hervorzuheben ist, daß eine Reihe dieser Fälle, wie die Daten ergeben, nach dem 4. Mai 1916 sich ereigneten.

Der Protest der österreichisch-ungarischen Regierung ist auch der Regierung der Vereinigten Staaten zugegangen. Von einem Einschreiten gegen diese Kriegführung ist aber nichts verlautet.

Weiter sind in der Reihe dieser Beispiele noch zu erwähnen, alle die Fälle, in denen feindliche Unterseeboote deutsche Dampfer in der Ostsee, und zwar meistens in schwedischen Hoheitsgewässern, im Sommer des Jahres 1916 ohne Warnung durch Torpedoschuß angegriffen oder versenkt haben; so am 17. Juni 1916 den Dampfer „Kolga", am 16. Juli 1916 den Dampfer „Syria", am 19. Juli 1916 den Dampfer „Elbe", am 24. August 1916 den Dampfer „Schwaben".

Ferner sind mehrere Dampfer in der Ostsee spurlos verschwunden, über die Ursache ihres Unterganges ist nichts bekannt. Da aber am 12. November 1916 die „Times" veröffentlichten, englische U-Boote hätten im ganzen 53 Dampfer und 197 Segler vernichtet, und diese Zahl weit größer ist, als die der deutschen Regierung bekannten durch feindliche U-Boote verursachten Verluste, ist ein gewisser Verdacht über die Ursache des Verschwindens der deutschen Dampfer in der Ostsee nicht von der Hand zu weisen.

## 3.

## Vertragswidrige Verhinderung der Versendung von Gegenständen der Krankenpflege nach Deutschland.

Noch eine weitere Art der Kriegführung der Ententemächte ist zu erwähnen, das ist die gegen Kranke und Verwundete. Auf Grund von Anregungen des Königs von Spanien und der Regierung der Vereinigten Staaten war Ende 1915, also nach der Verhängung der sogenannten Blockade, zwischen den kriegführenden Staaten eine Vereinbarung zustande gekommen, wonach bestimmte Gegenstände, die ausschließlich zur Pflege der Kranken und Verwundeten dienen, als unter die Freiliste der Londoner Erklärung fallend zu behandeln und demzufolge ihre freie Beförderung zur See zu gewährleisten sei. **Selbst über diese Vereinbarung setzte sich England hinweg**, indem es dem amerikanischen Roten Kreuz die Versendung solcher Gegenstände an das deutsche Rote Kreuz untersagte, und einen Protest des früheren Präsidenten der Vereinigten Staaten, Taft, ablehnte. Nicht unerwähnt soll in diesem Zusammenhang bleiben, daß England im Jahre 1916 in ähnlicher Weise ein Ersuchen amerikanischer Philanthropen kurz abgelehnt hatte, die die Absicht hatten, Milch für Säuglinge nach Deutschland zu senden. Die Ablehnung erfolgte, trotzdem das amerikanische Rote Kreuz bereit war, die Austeilung der Milch in Deutschland zu übernehmen und die deutsche Regierung schriftlich die Garantie abgegeben hatte, diese Milch nicht zu requirieren. **Das sind die Kennzeichen der Seekriegführung der Ententemächte, die von Kriegsausbruch an nur ein Ziel verfolgt hatten, nämlich die Niederringung Deutschlands durch Aushungerung seiner Zivilbevölkerung. Dieser Kriegführung gegenüber hatte Deutschland seit dem 26. April 1916 auf die Anwendung der einzigen Waffe, die Gleiches mit Gleichem vergelten konnte, verzichten müssen.**

## 4.

## Deutschlands Lage Ende 1916. Friedensangebot und Folgerungen, die sich aus seiner Ablehnung ergaben.

Immer mehr stiegen, vor allem von Beginn des Jahres 1916 ab, die Leiden der unschuldigen Bevölkerung Deutschlands. Immer grausamer zeigte sich die Wirkung der infolge der Abschneidung vom Lebensmittelmarkte bis aufs äußerste eingeschränkten unzureichenden Ernährung auf Leben und Gesundheit der Nation. Die Sterblichkeit der Frauen, Kranken, Greise, Kinder und besonders der Säuglinge nahm in schreckenerregender Weise zu. Welche verheerenden Folgen der englische Aushungerungskrieg gehabt hat, ist neuerdings durch Feststellung medizinischer Autoritäten bekanntgegeben worden. Hier genüge, aus einem Aufsatz des Geheimen Medizinal-Rates Professor Dr. Rubner in der Deutschen Allgemeinen Zeitung vom 29. Januar 1919 folgende Sätze zu zitieren:

„Der Herbst 1916 bedeutet den allgemeinen Niedergang der städtischen Ernährung, da die animalischen Nahrungsmittel, für die Erwachsenen wenigstens, fast vollkommen versiegten. Die Kost wurde einförmig, eiweiß- und fettarm, schwer verdaulich. Die sogenannte Ration bot zeitweise für den Erwachsenen fast nur ein Drittel des normalen Verbrauches....

Seit dem Frühjahr 1917 nahmen die Gesundheitsgefahren einen ganz enormen Umfang an und machten sich auch in der Statistik sehr deutlich fühlbar. Die strenge Zensur hinderte jedwede Erörterung der Ernährungsfragen und unterband auch das Bekanntwerden der zahlreichen Todesfälle in geschlossenen Anstalten.

Erst allmählich verständigte man sich ärztlicherseits im engeren Kreise besonders auch über das Auftreten des Hungerödems. Der Schaden überraschte durch die Ausdehnung, welche die Todesfälle unter der Zivilbevölkerung allmählich angenommen hatten. Zuerst ergriff die steigende Sterblichkeit die älteren Altersklassen vom 50. Lebensjahre ab, dann aber auch die jüngeren Jahrzehnte, ferner die Jugendlichen, endlich auch die jüngsten Altersstufen. Beobachtungen der allerletzten Zeit lassen gar nicht verkennen, daß auch die Säuglinge an der Mutterbrust in ihrem Gedeihen bereits getroffen sind. Im allgemeinen kann man sagen, daß bei Hunderttausenden und Millionen Menschen der Körper durch die ungenügende Kost allmählich so hinfällig wurde, daß alle möglichen Krankheiten, die sonst in Genesung ausgingen, zum Tode führten. Im Zeitraum von etwa zwei Jahren ist der mühselige Erfolg der Friedensarbeit in der Bekämpfung der Tuberkulose illusorisch gemacht worden."

Auf der anderen Seite mußte Deutschland zusehen, wie England fast unbehindert durch Lieferungen fast der gesamten Welt ungeheure Zufuhren an Kriegsmaterial erhielt, wie insbesondere die Vereinigten Staaten von Amerika ihren gesamten Handel und ihre Industrie auf die Versorgung der Ententemächte mit allen nur erdenkbaren Kriegsmaterialien mehr und mehr einstellten.

Da entschloß sich Deutschland, um den furchtbaren Leiden des Krieges ein Ende zu machen, dazu, seine schon oft bezeigte Friedensbereitschaft in aller Form auszusprechen. Deutschland machte, trotzdem es auf der Höhe seiner militärischen Erfolge stand, den Ententemächten das bekannte Friedensangebot vom Dezember 1916.

Das Friedensangebot wurde zurückgewiesen und zwar in einer Form, wie sie entehrender nicht gedacht werden kann. Aber auch die beinahe gleichzeitig erfolgte Friedensvermittlung der Vereinigten Staaten wurde abgelehnt. Hatte schon die feindliche Presse jener Tage deutlich das Kriegsziel der Entente enthüllt, ging schon aus der früher erwähnten Rede des englischen Ministers Churchill hervor, daß es eines der Kriegsziele der Entente war, „alterations on the map of Europe" zu schaffen, so wurde das Ziel jetzt auch offen ausgesprochen in der Antwortnote auf das amerikanische Vermittlungsangebot. Deutschland sollte sich unterwerfen, um dann vernichtet zu werden. Teritoriale Abkommen sollen getroffen werden, welche geeignet wären, die Land- und Seegrenze der Entente gegen ungerechtfertigte Angriffe zu schützen. Hier war zum ersten Mal in einer amtlichen Erklärung der Ententemächte das Vorhaben ausgesprochen, das zwischen Frankreich und Rußland bestehende Einvernehmen über die Annexion der Rheinprovinz zum gemeinsamen Kriegsziel zu erheben.

Nun konnte ein Zweifel darüber, daß es um Deutschlands Existenz ging, nicht mehr bestehen. Deutschland befand sich in Notwehr. **Die deutsche Regierung hatte nunmehr nicht nur das Recht, sondern die Pflicht, alle Kraft, die ganze Macht aller zu Gebote stehenden Waffen einzusetzen, um sich dem Abwürgungsversuch der unmenschlichen**

**Hungerblockade entgegenzustemmen.** Das war der einzige Ausweg, der außer der Kapitulation und der Unterwerfung unter die Bedingungen der Entente verblieb. In der Note vom 4. Mai 1916, mit welcher der Regierung der Vereinigten Staaten die Einstellung des U-Bootskrieges bekanntgegeben wurde, hatte die deutsche Regierung der Erwartung Ausdruck gegeben, daß es der Regierung der Vereinigten Staaten gelingen würde, auch die Gegner Deutschlands zur Rückkehr zu denjenigen völkerrechtlichen Normen zu bringen, die vor dem Kriege allgemein anerkannt waren. Sie leitete die Erwartung aus der wiederholten Erklärung der amerikanischen Regierung her, daß sie allen Kriegführenden gegenüber die verletzte Freiheit der Meere wiederherzustellen entschlossen sei. Die deutsche Regierung hatte aber ausdrücklich darauf hingewiesen, daß sie sich einer neuen Sachlage gegenüber sehen würde, wenn die Schritte der amerikanischen Regierung den erwarteten Erfolg nicht haben sollten.

Diese neue Sachlage war jetzt entstanden. Fast 8 Monate waren seither vergangen, ohne daß die Regierung der Vereinigten Staaten solche Schritte bei Deutschlands Gegnern unternommen hätte. Die Ententemächte führten die ungesetzliche und unmenschliche Hungerblockade ungehindert durch. In absehbarer Zeit mußte das Ende des Krieges herbeigeführt werden, wenn nicht das deutsche Volk nicht wieder gutzumachenden Schaden erleiden sollte. Das konnte nur geschehen, wenn die Bedrohung des Gegners so groß wurde, daß auch er zur Verständigung sich bereit erklären mußte.

## 5.
## Deutsche Sperrgebietserklärung vom 31. Januar 1917 und ihre Rechtfertigung.

Um dieses Ziel zu erreichen, mußte die deutsche Regierung, wollte sie nicht ihre Pflicht verletzen, nunmehr das Mittel zur Anwendung bringen, das allein Aussicht bot, das Ende des Krieges beschleunigt herbeizuführen.

So erklärte die deutsche Regierung am 31. Januar 1917 den uneingeschränkten U-Bootskrieg. Notwehr diktierte diesen Entschluß, nicht die Absicht, den Gegner zu vernichten, wie es die Absicht der englischen sogenannten Blockade war. Er diente der Abwehr gegen Lebensbedrohung und sollte den Gegner zur Einstellung seines völkerrechtswidrigen Hungerkrieges zwingen. Der Unterseebootskrieg diente der Verteidigung, und nur ihr allein. Er war nicht Selbstzweck, wie es die sogenannte englische Blockade war, sondern nur eine berechtigte Notwehrhandlung.

Notwehr ist die Verteidigung, die zur Abwehr eines rechtswidrigen Angriffs erforderlich ist. Ohne rechtswidrig zu werden, darf Notwehr in Rechte Dritter eingreifen, wenn dieser Eingriff notwendig ist zur Abwehr des rechtswidrigen Angriffs. Auch dadurch wird sie nicht rechtswidrig, daß sie sich des Abwehrmittels in einer Weise bedient, die die größte Wirksamkeit verspricht, denn nur so kann dem

Angriff mit Aussicht auf Erfolg begegnet werden. Das aber gerade ist der Zweck der Notwehrhandlung, und er ist es gewesen, der dem Gedanken an ihre Rechtmäßigkeit zum Siege verholfen hat.

Diese Grundsätze gelten auch im Völkerrecht. Sie sind auch bei der Durchführung des U-Bootskrieges beachtet worden. Den Neutralen Staaten war Gelegenheit gegeben, ihre Interessen sicherzustellen. Rücksichten, die nach Ablauf der Schonungsfristen auf neutrale Schiffe hätten genommen werden müssen, hätten die Aussichten, die die Notwehrhandlung bot, von vornherein illusorisch gemacht. Das U-Boot konnte unter den Umständen, unter deren Druck Deutschland handeln mußte, nur in der Weise zur Anwendung kommen, wie es der Technik der Waffe entsprach.

Das U-Boot war eine neue Waffe des Seekrieges. Versuche, seine Anwendung völkerrechtlich zu verbieten, waren auf der Haager Konferenz von 1899 — nicht am Widerstande Deutschlands — gescheitert. Neue Waffen aber schaffen neue Verhältnisse, schaffen neue Bedingungen, die auch neue Rechtsformen für die Anwendung der Waffe mit sich bringen und rechtfertigen. Auf diesen völkerrechtlichen Grundsatz hat sich auch die Regierung der Vereinigten Staaten in ihren an die englische Regierung gerichteten Noten vom 5. und 30. März 1915 berufen, als sie zugestand, daß infolge der Möglichkeit der Verwendung von Unterseebooten die Durchführung einer Blockade in den früheren Formen unmöglich geworden, und daß daher neue Formen angewandt werden dürften. Wenn es aber völkerrechtlich statthaft ist, eine Blockade in neuen Formen durchzuführen, weil sie infolge der Schaffung einer neuen Waffe sonst illusorisch würde, so ist es auch statthaft, die neue Waffe in der Form zur Anwendung zu bringen, die allein volle Ausnutzung verbürgt. Jedenfalls verlangt es der Grundsatz der Unparteilichkeit, der vor allen anderen von den neutralen Staaten beachtet werden muß, daß die Konsequenzen aus der Schaffung einer neuen Waffe nicht nur zu Gunsten **eines** Kriegführenden zugebilligt werden.

Im Gegensatz zur sogenannten englischen Blockade ist der deutschen, gegen England verhängten Sperre vorgeworfen worden, daß ihre Durchführung gegen die Gebote der Menschlichkeit verstoße, weil sie das Leben der auf den angetroffenen Schiffen befindlichen Menschen in Gefahr bringe. Dieser Vorwurf ist ungerecht, weil er einseitig ist, und weil er sich nur auf äußere Erscheinungen gründet, nicht aber auf den Kern der Dinge eingeht. Zu den englischen Maßnahmen gehörte doch an erster Stelle die Sperre der Nordsee. Diese Sperre beruht aber gerade auf der Schaffung von Lebensgefahr für jeden, der ungeachtet dieser Sperre die Nordsee befahren würde. Wenn also hier keine Menschenleben vernichtet worden sind, so liegt das nicht daran, daß die englische Sperre keine Gefahren geschaffen hatte, sondern weil die Schiffahrt sich dadurch vor diesen Gefahren sicherte, daß sie das gesperrte Gebiet mied, oder daß sie sich den englischen Bedingungen bei Befahren dieses Gebietes fügte [1]). So suchte sowohl der deutsche U-Bootskrieg als auch die englische sogenannte Blockade die Absperrung des gegnerischen Landes durch Schaffung von Gefahrgebieten zu erreichen. Beide Sperren weisen mithin in ihrer Anlage keinen Unterschied auf. Nur darauf aber kann es ankommen, nicht darauf, daß die Anwendung der angekündigten Maßnahmen in dem einen Fall durchgeführt werden mußte, während sie in dem anderen Fall unterbleiben konnte, weil der Dritte, dem gegenüber die Anwendung angedroht war, sich bereits der Androhung fügte, ohne sich ihr zu widersetzen. Entweder muß daher der Vorwurf der Unmenschlichkeit gegen England und Deutschland erhoben werden, oder aber gegen keinen von beiden Staaten.

## 6.

## Nachwort.

In seiner Adresse an den Kongreß vom 4. April 1917 hat der Präsident der Vereinigten Staaten folgende Worte gesprochen:

> „Dieses Mindestmaß von Gesetzmäßigkeit hat die deutsche Regierung beiseite gefegt, unter dem Vorwande der Widervergeltung und der Notwendigkeit, und weil sie keine andere Waffen habe, die sie auf See gebrauchen könnte, als diese. Es ist aber unmöglich, diese so zu verwenden, wie Deutschland sie verwendet, ohne alle Bedenken der Menschlichkeit und Rücksichten auf Vereinbarungen in alle Winde zu streuen, auf denen doch wohl die internationalen Beziehungen der Welt beruhen. Ich denke jetzt nicht an den damit verbundenen Verlust an Vermögen, so ungeheuer und ernst er auch sein mag, sondern nur an die unbedenkliche und völlige Vernichtung der Leben von Nichtkämpfern, Männern, Frauen und Kindern, die in Tätig-

---

[1]) Wie man in England und in den Vereinigten Staaten hierüber urteilte, illustriert am besten ein Aufsatz in der Daily News vom 31. März 1917 von dem Herausgeber der Zeitung, Gardiner. Er zitiert aus der „New Republic", die er als einflußreichstes Blatt in den Vereinigten Staaten und als ein Blatt bezeichnet, das gleichzeitig die Politik des Präsidenten vertreten habe, folgendes:

„Es trifft zu, daß wir den Verbandsmächten gestattet haben, Deutschland von allen Zufuhren abzuschneiden und andererseits an den Verband Munition und Lebensmittel geliefert haben. Die Deutschen haben das von Anfang an richtig erkannt. Viele Umstände haben dazu beigetragen, diese Tatsachen zu verdunkeln. Zunächst sind durch die Handlungen der Verbandsländer keine amerikanischen Menschenleben verloren gegangen, und wir haben infolgedessen deren ungesetzliche Handlungen nie als ungeheuerlich empfunden. Doch scheiden wir die Frage der Menschlichkeit aus. Wenn wir der deutschen Politik die gleichen Zugeständnisse wie der englischen gemacht und uns geweigert hätten, die britische „Blockade" ebensowenig wie die deutsche Kriegszone anzuerkennen, so würden amerikanische Leben mit ziemlicher Sicherheit verloren gegangen sein. Wenn England verfügte, daß wir einen bestimmten Hafen anlaufen sollten, so liefen wir ihn an. Wenn England verlangte, daß wir einen bestimmten Weg in der Nordsee nicht benutzen sollten, so benutzen wir ihn nicht. Wenn England die Forderung stellte, daß wir nur beschränkten Handel mit Holland aufrechterhalten sollten, so fügten wir uns."

keiten begriffen waren, die selbst in den dunkelsten Zeiten der neueren Geschichte als unschuldig und rechtmäßig gegolten haben. **Vermögen kann ersetzt werden, das Leben friedlicher und unschuldiger Menschen nicht.“**

Die Worte der Adresse waren zwar gegen die deutsche von bitterster Notlage aufgezwungene Kriegführung richtet. Gilt alles das, was hier ausgesprochen war, aber nicht in gleicher Weise gegen die englische Kriegführung? Hatte dies nicht die Regierung der Vereinigten Staaten in immer neuen Protesten England gegenüber ausgesprochen? Hatte sie nicht ausgesprochen, daß die englische Kriegführung ungesetzlich war, ja, daß ein neutraler Staat, wollte er sich nicht des Neutralitätsbruches schuldig machen, diese Kriegführung nicht dulden dürfte? Hatte sie nicht bereits am 30. März 1915 der englischen Regierung in einer Protestnote mitgeteilt:

„To admit it would be to a assume an attitude of unneutrality toward the present enemies of Great Britain, which would be obviously inconsistent with the solemn obligations of this Government“?

Daß es unmenschlich ist, mit gesetzwidrigen Mitteln ein ganzes Volk dem Hungertode zuzuführen, ist selbstverständlich, und war im übrigen noch im Jahre 1897, wie bereits erwähnt, durch die bekannte Note des amerikanischen Staatssekretärs Sherman gegen die Absicht der Spanier, Kuba auszuhungern, in aller Form ausgesprochen worden. Ob das bis zum Ende des Jahres 1916 durch die völkerrechtswidrige Kriegführung der Ententemächte zerstörte Eigentum deutscher Staatsangehöriger wieder ersetzt werden könnte, ist zweifelhaft. Sicher aber konnte das Leben all der unschuldigen deutschen Frauen, Säuglinge, Kinder, Kranken und Greise, die ein Opfer des unmenschlichen Hungerkrieges wurden, nicht ersetzt werden, sicher konnten die Schäden, die der ganzen Volksgesundheit und damit der ganzen Volkskraft zugefügt waren, niemals wieder gutgemacht werden. Hatte mithin nicht das deutsche Volk, zum mindesten seit der Einstellung des U-Bootkrieges von Mai 1916 an, ein Recht auf eben solche Gedanken? Hatte es nicht ein Recht, von seiner Regierung zu verlangen, daß diese es mit allen Mitteln, mit allen Waffen schützte, nachdem die Ententemächte das deutsche Friedensangebot zurückgestoßen und die Vernichtung Deutschlands als Kriegsziel verkündet hatten? Deutschland stand nach der Zurückweisung seines Friedensangebots vor der Gefahr der sicheren Aushungerung, wenn es nicht alle Mittel aufwandte, den Krieg abzukürzen, wenn es nicht die gleiche Waffe gegen den Feind richtete, um auch ihn zur Verständigung zu zwingen. Die Gefahr war um so größer, als eine Änderung dieses Zustandes durch den größten neutralen Staat, der allein die Macht dazu gehabt hätte, und dessen Regierung immer wieder erklärt hatte, daß sie pflichtwidrig handele, wenn sie den Zustand dulde, nicht mehr zu erwarten war. Wie recht die deutsche Regierung darin hatte, von einer solchen Hoffnung nicht länger mehr das Schicksal des gesamten Volkes abhängig zu machen, hat die Rede von Sir Edward Carson im englischen Unterhause vom 27. März 1917[1]) gezeigt, in der mitgeteilt wird, daß zwischen den Regierungen der Vereinigten Staaten und derjenigen Englands eine Vereinbarung bestanden habe, nach welcher englische Behörden jedes aus amerikanischen nach neutralen europäischen Häfen auslaufende Schiff bereits im amerikanischen Hafen untersuchen und darüber Bescheinigungen ausstellen dürften, und daß ohne diese Vereinbarung die Durchführung der sogenannten Blockade gar nicht möglich gewesen wäre.

---

[1]) I found this — that in the way in which the matter bad been arranged by the Foreign Office the blockade was enormously assisted by the agreement they had entered into and the arrangement they had made in America — which is, of course, the chief neutral and chief exporting country — by which they had secured in a friendly way that the United States Government should be satisfied that a large number of the ships which were sailing for neutral countries in Europe should have their cargoes examined and certificates given before they came into European waters at all. If it were not for that, the blockading squadron at the present moment would have to go out and insist upon every single ship coming into port for examination. That would be almost impossible; certainly it would be impossible with the force we have now; but this arrangement has been of the greatest benefit to this country, not merely by lightening the burdens of the Navy, but in preventing friction with America and with the Scandinavian countries.